STANLEY BING

Sun Tzu war ein Weichei!

Besiege deine Feinde,
fördere deine Freunde
und lerne die *wahre*
Kunst des Krieges

Die Originalausgabe erschien unter dem Titel:
Sun Tzu was a Sissy. Conquer Your Enemies, Promote Your Friends, and Wage the Real Art of War.

© Copyright der Originalausgabe 2004: Stanley Bing.
All rights reserved. Authorized translation from the English language edition published by HarperCollins Publishers, Inc.
© Copyright der deutschen Ausgabe 2007:
Börsenmedien AG, Kulmbach

Aus dem Amerikanischen von Prof. Dr. H. Eisenhofer-Halim
Druck: Ebner & Spiegel, Ulm

Stanley Bing
Sun Tzu war ein Weichei.
Besiege deine Feinde, fördere deine Freunde
und lerne die wahre Kunst des Krieges
ISBN 978-3-938350-18-8

Alle Rechte der Verbreitung, auch des auszugweisen Nachdrucks, der fotomechanischen Wiedergabe und der Verwertung durch Datenbanken oder ähnliche Einrichtungen vorbehalten.

Postfach 1449 · 95305 Kulmbach
Tel. 09221-9051-0 · Fax 09221-9051-4444

*An Alexander den Großen
der weinte, als es nichts mehr zu erobern gab ...*

*an Bobby Fisher,
der nie erfahren hatte, dass Schach ein Spiel ist
und seine Gegner zum Weinen brachte ...*

*an Bill Gates,
der manchmal keinen Sinn dafür hat, fair zu spielen ...*

*an George W. Bush,
für seinen Beschluss, den Krieg seines Vater zu beenden, egal wie ...*

*und an die Typen, die das Unternehmen leiten, für das ich arbeite,
und die sich ständig über irgendetwas ärgern.*

*Die Kunst des Krieges ist für den Staat von
lebenswichtiger Bedeutung.
Es ist eine Angelegenheit von Leben und Tod,
ein Weg, der in die Sicherheit oder
den Untergang führt.
Sie darf auf keinen Fall vernachlässigt werden.*
Sun Tzu

Natürlich weißt du es ... das bedeutet Krieg!
Bugs Bunny zu Elmer Fudd

INHALTSVERZEICHNIS

Danksagungen 13
Vorwort: Sun Tzu, für die heutige Zeit ein Weichei 15
Einleitung: All you need is war 21

TEIL EINS

Präparieren Sie das Schlechte in sich 29
Über Yin und Yang hinaus: Das Geheimnis von Yinyang 31
Sind Sie es wert, dass man für Sie stirbt? (Ich nehme es nicht an) 37
Wie Sie andere dazu bringen, Sie zu lieben
Teil 1: Lieben Sie sich selbst 41
Wie Sie andere dazu bringen, Sie zu lieben
Teil 2: Hallo Mutter, hallo Vater 45
Bleiben Sie grausam 49
Der Schicksalsstern der Menschen: Sie! 53

TEIL ZWEI

Aufbau Ihrer Armee 57
Wer und wessen Armee? 59
Machen Sie aus sich einen General 63
Wer sind Ihre Mitstreiter? 67

Wie man andere Leute zum Kämpfen bringt:
Ein kurzer Lehrgang **71**

Halten Sie die Truppe(n) bei Gesundheit und Laune **75**

Sie müssen Herz zeigen **81**

Lassen Sie die Band aufspielen **89**

Teil Drei

Das Tao des Schmerzes **95**

Ein kurzes, aber wichtiges Kapitel **97**

Unsinn des Weicheis Sun Tzu: Sieg ohne Schlacht ist das Beste **99**

Schlacht ohne Sieg: Der Weg des Kriegers **103**

Aggression: Akzeptieren Sie keine Stellvertreter **107**

Eine Nuklearwaffe ist wirkungsvoller, wenn sie explodiert, als
wenn sie dazu benutzt wird, sie anderen auf den Kopf zu schlagen .. **111**

Der Stock ist weniger wirkungsvoll als eine Atombombe, wenn
er aus einer Höhe von einigen Kilometern herunterfällt **115**

Die Größe spielt eine Rolle **117**

Das Zufügen von Schmerz (ohne die Schuld auf sich
zu nehmen, jemanden verstümmelt zu haben) **121**

Und nun? **129**

Teil Vier

Unterdrückung der Feigheit **135**

Zornig, unbesiegbar **137**

Finden Sie Ihren inneren Stellknopf **141**

Bloß kein Mitleid zeigen 147

Glücklich in seiner Schwäche: Eine kurze Befragung 149

Der nächste Schachzug 151

Teil Fünf

Feinde 157

Mein Feind, mein eigenes Ich 159

Der kleine Feind 163

Der große Feind 167

Ein letztes Wort über Größe 171

Der dicke Feind 175

Der dünne Feind 179

Der schwache Feind 183

Der starke Feind 187

Der verhasste Feind 191

Teil Sechs

Positionierung 195

Begreifen Sie Ihre hierarchischen Strukturen 197

Shih Tzu? 203

Die Schlachtformation 207

Täuschung 213

Teil Sieben

Krieg **219**

Anpassung an den Feind **221**

Krieg durch Zahlen **227**

Feigheit und Tapferkeit **237**

Teil Acht

Pfeifen Sie bei der Arbeit **241**

Sun Tzu Unsinn Teil IX:
Nur ein kurzer Krieg ist es wert geführt zu werden **243**

Einer muss leiden (nicht Sie) **247**

Was Sie tun können, während Sie darauf warten
zu töten oder getötet zu werden **253**

Teil Neun

Aufruf zur Plünderung **261**

Der Geschmack des Sieges (Hinweis: Schmeckt wie Käse) **263**

Arten der Kriegsbeute **265**

Wie man eine Geschichte schreibt **269**

Nachwort:
Warum können wir nicht miteinander auskommen? **275**

DANKSAGUNGEN

Ich würde gerne einigen Leuten dafür danken, dass Sie in mir die Feindseligkeit erzeugt haben, die dieses Buch erst ermöglicht hat.

Ich möchte meinem Sportlehrer aus der vierten Klasse, Herrn Danacus, danken. Vor langer, langer Zeit nannte er mich – es war eines Freitagabends beim Polizeisportbund beim Rollschuhfahren – einen „Fettklops" und das vor Barbara Michaels. Sollte ich ihn heute tot auf der Straße liegen sehen, würde ich seinem leblosen Körper noch einen Tritt verpassen.

Ich möchte Jerry Wise danken. In der sechsten Klasse hatte er sich über meine Bluejeans lustig gemacht. Woher sollte ich wissen, dass Kakihosen in Mode waren?

Ich möchte auch meinem ersten Boss, Alan Albert, danken. Er hatte einen Haufen verarmter Schauspieler zu 85 Dollar die Woche ausgebeutet, während er sich die Taschen voll stopfte. Unter dem Vorwand „Fortbildungskurse" anzubieten, hatte er jede Menge Geld gescheffelt, von dem wir nicht zu sehen bekamen.

Ich möchte Dan, meinem ersten Aufsichtratsvorsitzenden danken. Er war so nett Linda, die ewige Heulsuse, die in ihrem Büro dahinvegetierte, zu befördern. Danke Dan, dass du nicht mich genommen hast, den Mann, der im Hintergrund den Laden schmiss. Dein Verhalten hat mich damals zur Weißglut getrieben und mich zum Zyniker gemacht. Noch heute träume ich davon dir mit zwei Fingern in die Augen zu stechen, genauso wie es der Slapstickkomiker Moe mit seinem Bruder Curly machte.

Dank an Doug, den Vorstand meines nun toten Unternehmens. Du hast uns alle davongejagt, nur damit deine Aktien steigen. Du hast alle meine Freunde arbeitslos gemacht und die Firma dermaßen verstümmelt, dass sie sich nie wieder davon erholte. Hi Doug, was bist du doch für ein Dummkopf!

Ich danke wirklich allen, die durch Dummheit, Habgier und Arroganz dazu verleitet wurden, sich einzubilden, sie könnten sich mir in den Weg stellen.

Sie werden ihre Abreibung noch bekommen.

Vorwort

Sun Tzu, für die heutige Zeit ein Weichei

*Derjenige, der in hundert Schlachten hundert
Siege davongetragen hat, ist nicht der Klügste.
Wer das feindliche Heer ohne eine einzige
Schlacht bezwingen kann, ist der Geschickteste.*
Sun Tzu

Krieg ist nicht nett
Barbara Bush

Vor einigen tausend Jahren lebte in China, oder das, was damals als China galt, ein Typ namens Sun Tzu. Wie Nicolo Machiavelli und Walt Rostow[1] oder Paul Wolfowitz[2] regierte er nicht die Welt, sondern gab nur denen Ratschläge, die das taten. Vermutlich machten die, denen er Ratschläge gab, es besser als die, denen er keine gab. Weil sie jetzt jedoch tot sind, ist das schwer festzustellen.

Und so wuchs seine Legende von einer Generation mörderischer Kriegsherren zur nächsten, bis er berühmter wurde als sie, wahrscheinlich weil man sich seinen Namen besser merken konnte und weil normalerweise Schriftsteller das letzte Wort haben.

Sun Tzu schrieb über Krieg. Wie man ihn macht. Wie man ihn gewinnt. Wie man andere dazu bringt darin zu sterben, und nicht selbst draufzugehen. Letzteres war damals bei den Kriegsherren besonders beliebt, und daran hat sich bis heute bei den zeitgenössischen Gegenstücken sowohl im Militär als auch in den Chefetagen nichts geändert.

Sun Tzu schrieb eine Reihe von extrem poetischem und tiefsinnigem Zeugs, das jemand verstanden haben muss, da es liebevoll über Jahre hinweg zu denen, die Menschen für Geld töten, weitergereicht wurde. Jetzt lehrt man seine Weisheiten in West Point und verkauft sie in der einen oder anderen Form in Buchgeschäften auf Flughäfen an Leute, die Verantwortung für Marketing und Werbung und sogar Personal haben.

Es bleibt ein Rätsel, was Sun Tzu so anziehend macht. Was er schrieb, ist so einfach zu verstehen wie eine Bedienungsanleitung für ein Produkt aus Osteuropa. Lassen Sie mich Ihnen ein Beispiel geben:

> Wenn der Feind nahe ist und sich still verhält, verlässt er sich auf die Stärke seiner Position. Wenn der Feind weit weg ist und eine Schlacht provoziert, will er, dass der andere vorrückt – ist sein Lagerplatz in der Ebene und leicht zugänglich, wirft er einen Köder aus.

Es gibt eine Menge solcher Sachen in dem Buch, das als *Die Kunst des Krieges* bekannt wurde. Ganz gleich, für welchen Kaiser Sun Tzu gearbeitet hat, es ist ziemlich wahrscheinlich, dass dieser keine Kleider hatte, was auf viele Kaiser zutrifft. Und egal, wie schockierend nackt der lokale Kriegsherr ist, er muss sich wahrscheinlich trotzdem selbst verteidigen.

Genau genommen, hatte Sun Tzu nicht Unrecht. Aber heutzutage gibt es kein Geschäft wie das von Sun Tzu. Seine Herangehensweise war vielleicht verdammt gut, wenn die Arbeit darin bestand, einen Haufen von Typen in Bambusumhängen die Berghänge hoch und runter marschieren zu lassen, während man auf den optimalen

Zeitpunkt wartet, herabzustürzen und die vorteilhafteste Position für die nächste Kampfrunde zu erlangen. Ich weiß nicht, wie es Ihnen geht, aber ich bin auf diese Situation seit den späten 1990ern nicht mehr gestoßen.

Ich kämpfe in der wirklichen Welt genauso, da bin ich mir sicher, Sie auch. Wir haben keine wirklichen Armeen. Wir haben Menschen, mit denen wir kämpfen, aber Armeen? Leider nein. Wir haben auch kein Terrain als solches, außer man definiert Terrain völlig anders. Wir könnten das tun, aber Sun Tzu konnte das nicht, nicht wirklich, weil er ein Weichei war.

Ich weiß, dass das vielleicht etwas hart klingt. Ich meine es nicht so. Es ist durchaus möglich, dass all das, worüber er spricht, funktionierte: die zimperliche Abhängigkeit von Hyperstrategie und tiefsinnigen philosophischen Grübeleien, das einfühlsame Abwägen von wo, wann und wie man zuschlägt, die minutiös hierarchisch ausgerichtete und beschönigende Darstellung der obersten Führungskreise.

Aber wir leben nicht wirklich in einer Welt, in der die folgende Behauptung von irgendeinem besonderen Nutzen ist:

Der Shuai-jan ist eine Schlange des Chung Gebirges.
Schlag nach seinem Kopf und du wirst von seinem
Schwanz angegriffen.
Schlag nach seinem Schwanz, und du wirst von seinem
Kopf angegriffen.
Schlag nach seinem Mittelstück, und du wirst von
Kopf und Schwanz gleichermaßen angegriffen.

Wissen Sie was? Das ist einfach zu rätselhaft für mich. Wenn ich an Krieg denke, will ich nicht um den heißen Brei herumreden. Ich will mir meine Ärmel hochkrempeln und meine Krawatte um meinen Kopf wickeln. Ich weiß, dass mein Gegner wahrscheinlich das Gleiche tut. Wenn nicht, sollte er es. Weil ich komme.

Meister Sun hatte viele wichtige Dinge über Krieg zu sagen, denen wir zuhören und sie durchaus beherzigen können. Zum Beispiel „Es ist besser nicht zu kämpfen, solange wir nicht absolut sicher wissen, dass wir gewinnen werden". Das ist einer der wichtigen Punkte. Wer könnte das abstreiten? Das Problem ist nur, dass ich, wenn ich kämpfen muss, meistens nicht weiß, ob ich gewinnen werde. Ich meine ... so ist das nun mal.

Dann hatte er die Vorstellung, dass ein wahres militärisches Genie derjenige ist, der gewinnen kann, ohne einen Schuss abzufeuern. Was denn, der General ist so strategisch, dass der andere Typ einfach aus Mangel an strategischen Vorteilen umfällt? So etwas habe ich noch nie gesehen, aber es steht außer Frage, dass Sie eine gute Strategie brauchen, um überhaupt eine Chance auf den Sieg zu haben. Dieses übermäßige Vertrauen in Strategie, das Sun Tzu hatte, macht ihn in diesem einen Punkt der Weltgeschichte zu einem Schlappschwanz, zumindest in unserer Welt. Ich bin mir sicher, dass er damals, als es nur eine halbe Milliarde Chinesen gab, weit und breit als ein gefürchteter Feind und erschreckender Gegner bekannt war. Aber jetzt? Nein.

Wir können es besser. Wir müssen.

Schließlich redet Sun Tzu eine Menge über Tao und anderes spirituelles Zeug, was ich ehrlich gesagt in einer Diskussion über Krieg, und Töten und Kämpfen etwas ungehörig empfinde. Soweit es mich betrifft, will ich Tao aus der ganzen Sache heraushalten. Blut? Eingeweide? Roher, tierischer Hass? Sicher. Aber Tao? Also bitte.

Jeder, der jemals einen Menschen gesehen hat, der seine Kreditkarte für Spesen, die er zwanzig Jahre lang hatte, an einem Nachmittag verloren hat, wird Ihnen sagen, dass nicht das geringste Tao in dem ganzen Geschäft steckt. Wenn die Überprüfung kommt, muss er aufs Klo gehen, um nicht zusammenzubrechen. Das ist eine Niederlage in jeder Hinsicht.

Fazit? Die wahre Kunst des Krieges kommt nicht mehr irgendwie aus dem Osten. Nicht mehr. Sie kommt von der größten Nation der Welt, der letzten Supermacht auf dem Planeten.

Krieg ist brutal, Angst einflößend und der schnellste Weg Territorium zu gewinnen und zu behalten und wenn möglich das eigene Leben. Diejenigen, die vollgestopft sind mit Sun Tzus Weisheiten und deswegen nicht mehr kämpfen, sind normalerweise diejenigen, die Getränke für solche holen, die nur darauf warten, dem anderen das Auge auszustechen, wenn es nötig sein sollte. Und dieser ganze Tao-Schmus. Kriege drehen sich um Hass. Man zieht nicht in den Krieg, außer man will den anderen töten.

Das sollte weder so sein, noch wünschen wir es uns. Es ist einfach so. Wer in diesen gefährlichen Zeiten siegen will, sollte besser wissen, wie man einen Krieg zum Sieg führt, indem man tief in das Schlachtfeld mit dem Gestank von Schweiß und Diät-Cola in seinen Nasenlöchern und den Tränen großer, glatzköpfiger Männer eindringt.

Dieses Buch wird versuchen all diese östliche Gefühlsduselei zu überschreiten und Sie, beherzter Abendländer, zu lehren, wie man wirklich Krieg führt und die Beute genießt. All das wird sich in der wirklichen Welt abspielen müssen, nicht auf dem militärischen Spielplatz, auf dem Fußballfeld oder in den Verbindungen. Der Krieg, den wir führen, spielt sich im härtesten Graben von allen ab: an unserem Arbeitsplatz.

Es ist eine Welt, in der die, die nicht treten, drängeln und grapschen – und dies mit ein wenig Stil und Elan tun, möchte ich hinzufügen – am Tisch zurückgelassen werden, um die Rechnung zu zahlen, während die Gewinner zum nächsten angesagten Club ausgehen.

Wir werden es alles untersuchen – wie man eine Schlacht, die anderen Leuten (und nicht Ihnen selbst) sehr wehtut, plant und ausführt, und Ihre Flagge, und die Ihrer Freunde vorwärts bringt, falls sie welche haben. Wenn sie Krieg führen wollen, sollten sie besser eine ganze Menge Freunde haben. Sie werden sie brauchen.

Und was all diese feige Strategie anbelangt, verstehen Sie mich nicht falsch. Strategie ist die Bombe, soweit sie reicht. Jeder und alles wird hier beachtet, von der Aufstellung, Ausstattung, Organisation, Planung und Intrige bis zum Randalieren, Niederschlagen und Beute ernten.

Der Beuteteil ist natürlich wichtig. Krieg ohne lockende Beute ist es kaum wert geführt zu werden. Aber es gibt ein Land der Gewalt und des Ruhmes weit weg von dem trockenen strategischen, sich Hügel und Tal Hinauf- und Hinunterschleppen, das die alte Kunst des Krieges charakterisiert hat.

Es gibt das Spielen mit den Gefühlen. Kämpfen, wenn kein Ende in Sicht ist. Das Leben des Kriegers zu führen, das jeder Zeit enden könnte und dennoch Spaß dabei zu haben.

Meister Sun war andererseits nicht komplett nutzlos. Vielleicht können wir uns im Vorbeigehen etwas Weisheit von dem alten Haudegen mitnehmen, wenn wir ihn uns schnappen, ihn auf den Kopf stellen, entschieden schütteln und sehen, was aus seinen weibischen Seidenpyjamas rausfällt.

---

[1] Redenschreiber für Dwight Eisenhower

[2] derzeit Präsident der Weltbank. Zuvor Berater von Bush für Außenpolitik.

EINLEITUNG

All you need is war

Nur derjenige, der mit den Tücken des Krieges vertraut ist, kann erfolgreich einen führen.
Sun Tzu

Darüber hinaus ist auch noch die Bezahlung schlecht
Burt Reynolds

Was ist Krieg? Diese Frage ist nicht so einfach zu beantworten, wie Sie vielleicht denken. Wenn Ihr Chef Sie anschreit, nur weil er sich gerade geärgert hat, ist das etwa schon Krieg? Befindet man sich im Krieg, nur weil man angeschrieen wird?

Na, na. Wenn Sie sich jedes Mal im Krieg befänden, nur weil irgendein Dummkopf Sie angeschrieen hat, wären Sie mittlerweile tot. Aus Dummheit.

Wenn Sie sich mit einem Ebenbürtigen darüber streiten, wie eine Sache am besten gemacht werden sollte, befinden Sie sich dann im Krieg, nur weil er oder sie anderer Meinung ist als Sie, und es sogar öffentlich äußert?

Vielleicht wenn Sie bei General Electrics sind. Aber in der Regel wäre das ungünstig. Meinungsverschiedenheiten gibt es überall, selbst zwischen Freunden. Das Leben wäre kaum lebenswert, wenn jede Konfrontation gleich zum Scharmützel hochstilisiert würde, sozusagen als Teil einer größeren Schlacht, die sich Karriere nennt.

Manche Menschen behandeln jede menschliche Reaktion als Kampfhandlung, die zu einer Schlacht ausarten könnte. Diese wiederum wäre ein netter, Genugtuung verschaffender Konflikt, sozusagen Teil eines Krieges. Es gibt einen Namen für solche Leute. Sie heißen Arschlöcher.

Ist es Krieg, wenn der Kollege sich hinter Ihrem Rücken die Zustimmung des Vorgesetzten sichert, dem sie beide unterstellt sind, und Sie wie einen Vollidioten aussehen lässt?

Jetzt kommen wir der Sache schon näher.

Und was ist, wenn der Chef so begeistert ist, dass er den anderen Typen zum Mittagessen mitnimmt und ihm erlaubt die Rechnung zu bezahlen? Und Sie sind nicht eingeladen?

Ja. Das ist Krieg, in Ordnung. Das Schwein muss sterben. Aber nicht das ältere Schwein. Das ältere Schwein ist Ihr Leiter, unter dem Sie sozusagen „an guten und an schlechten Tagen" dienen. Aber das jüngere Schwein, ja, dieses Mastschwein muss gefesselt, dressiert, gebraten, und allen anderen mit einem Apfel in seinem oder ihrem Mund serviert werden.

Aber wie? Wie sollen wir die Kunst des Krieges in der realen Welt ausüben? In einer Welt, in wir jeden Tag leben müssen, weil wir gar keine andere Wahl haben?

Sollen wir etwas in uns gehen und tief in unseren Seelen, wo auch immer diese sein mögen, nach unseren Kapazitäten und Schwachpunkten suchen? Ja, okay. Das können wir machen.

Sollen wir ein Terrain im Hinblick auf mögliche Vorteile und Nachteile einschätzen, und uns dementsprechend verhalten? Sicher. Wieso nicht?

Unsere Truppen aufstellen? Sie trainieren? Sie ausbilden? Sie mit Musik und Tanz erfreuen? Sie mit dem richtigen Kriegswerkzeug ausrüsten? Die Angriffslinien festlegen? Zweifellos.

Warum gehen wir nicht inzwischen zu diesem Blödmann und schlagen seinen Kopf mit einer großen Keule ab, deren Ende mit mehreren scharfen Spitzen gespickt ist? Isländische Sagen sind voll mit solchen Erzählungen. Es ist sehr befriedigend, blöden Typen die Köpfe abzuschlagen und dann zu beobachten wie sie wie Bowlingkugeln in einen See rollen.

Natürlich ist das platschende Geräusch eines Kopfes, der auf dem Wasser auftrifft, sehr angenehm, aber wir können nicht jeden Tag Köpfe wegen jeder Kleinigkeit rollen lassen. Sie brauchen andere Optionen und Herangehensweisen. Krieg gibt es in verschiedenen Geschmacksrichtungen, und sie wollen doch nicht nur eine.

Hier möchte ich Ihnen einige Kriegsarten vorstellen, denen Sie im Laufe Ihrer Karriere begegnen werden:

> **Minikrieg: oder Mann gegen Mann.** Sie liefern sich ein Kopf-an-Kopf-Rennen. Sie wollen gewinnen. Sie sind General, Armee, Flotte, Marine und Gegenspionage. Es gibt nur Sie und ihn. Nur einer von Ihnen beiden wird am Leben bleiben.

> **Mittelgroßer Krieg:** Ihre Abteilung wird von einem Unternehmensberater angegriffen. Der wiederum gehört zu einer Organisation, die irgendwo ihren Sitz hat und in Ihr Unternehmen Betriebswirtschaftler mit Harvard-Diplom einschleust. Diese Betriebswirte sind wie Termiten, die ihre Eier in die Balken eines alten Hauses legen. Der Berater wird vom oberen Management und der Wall Street unterstützt, die jede Art von Zerstörung mittlerer Managements liebt. Sie haben viele Feinde. Sie haben wenige Ressourcen. Ihre einzige Stärke ist die Tatsache, dass Sie mehr über Ihre Arbeit wissen als jeder Berater.

> **Totaler Großangriff:** Donald Trump will das Grundstück, auf dem sich Ihr Geschäft befindet. Microsoft findet das Geschäft, das

Sie betreiben, und möchte es sich einverleiben. Das *Wall Street Journal* wiederum hat beschlossen, dass Sie ein Muster für die Sarbanes-Oxley[3]-Überprüfung sind, dem Gesetz für Verbesserung der Unternehmensberichterstattung. Das macht nichts. Sie stehen unter Beschuss und werden, wie Ben Franklin bei der Unterzeichnung der Unabhängigkeitserklärung bemerkt hatte, alle zusammen hängen oder Sie werden, und das ist am wahrscheinlichsten, jeder für sich hängen.

> **Guerilla-Krieg:** Heckenschützen zu Ihrer Linken. Spione zu Ihrer Rechten. Es ist schwer Freund und Feind zu unterscheiden. Das Töten dauert schon seit Jahren an, tatsächlich schon so lange, dass es schwer ist sich daran zu erinnern, wieso die Typen vom Verkauf alle im Marketing töten wollen. Es werden jedoch nicht genügend Leute auf einmal getötet, um eine weiße Flagge oder einen Friedensvertrag auf jeder Seite zu rechtfertigen. Frieden scheint sich aber nie einzustellen.

> **Belagerung:** Sie und Ihre Kollegen brauchen mehr Mittel für Ihr Projekt. Die Finanzabteilung will die internen Ausgaben komplett einfrieren. Niemand sagt nein. Niemand sagt ja. Die Zeit vergeht. Ihre Hände frieren in der eisigen Luft. Ihre Truppen sterben bereits an Unterkühlung. Irgendetwas muss passieren ... und zwar bald.

> **Der große Krieg:** Ihr Geschäftsführer hat beschlossen, dass ihm nichts anderes übrig bleibt, als sich mit dem nächstbesten Konkurrenten zusammenzuschließen, damit die Aktien steigen. Das ist ein Krieg, so gewaltig und furchtbar, dass jegliches Menschenleben ausgelöscht werden könnte. Die haben Atomwaffen. Sie haben üble Bomben in der Form von guten Beziehungen zu Handelsreportern. Die Armeen reihen sich auf dem Schlachtfeld auf. Der Krieg dauert nur

einen Augenblick, dann wird Zigarrenrauch die Luft erfüllen und 600 Dollar teure Füller senken sich auf das Papier und besiegeln das Schicksal. Es gibt keine Zukunft, keine Vergangenheit, kein Morgen. Es gibt nur Blut, Schweiß und Tränen.

Dramatisch? Sicher. Allgegenwärtig? Kein Zweifel daran. Heutzutage ist Krieg so unausweichlich wie ein 30-Dollar-Omelett.

Und Sie? Sie erstatten einer Art General Bericht. Wie er arbeitet, wird eine Menge entscheiden. Und das ist das Problem, wenn Sie, wie Sun Tzu, ein Weichei sind. Der Haken an der Sache ist, dass es kaum gute Generäle gibt. Diese Kerle wollen nur, dass Sie sterben ... und zwar noch vor ihnen. Sie stehen unter enormem Druck, meistens unter zu viel Druck. Kann man sein Leben und seine Zukunft diesen Typen anvertrauen?

Lesen Sie dazu Folgendes vom ehemaligen Kommandierenden des Militärs der Vereinigten Staaten:

> *Berichte, in denen steht, dass etwas nicht passiert ist, sind immer sehr interessant für mich, weil, wie wir wissen, es bekanntes Bekanntes gibt, Dinge, von denen wir wissen, wir wissen sie. Wir wissen auch, dass es bekanntes Unbekanntes gibt. Das heißt, wir wissen, dass es ein paar Sachen gibt, von denen wir nichts wissen. Aber es gibt auch unbekannte Unbekannte: Das, von dem wir nicht wissen, dass wir nichts wissen.*
>
> **ehemaliger Verteidigungsminister**
> **Donald Rumsfeld**

Richtig. Wissen Sie was? Ich glaube für unsere Ziele ist es weit besser, wenn wir es vermeiden, uns in die Hände von irgendjemand anderem zu begeben, egal wie fähig oder standhaft er sein mag oder wie viele einflussreiche Beziehungen er hat. Weil solche Leute wahrscheinlich selber mit drinstecken. Und Sie? Sie stehen für sich. Das ist der grundlegende Widerspruch, der in Friedenszeiten zu tolerieren ist. Aber wenn Kugeln und Scheiße fliegen, könnte das tödlich sein.

So, Sie und ich, meine Freunde, wir werden unsere eigenen Generäle in der Kampagne für Reichtum, Gesundheit und Vernunft sein und unsere eigene Schlacht kämpfen, und nicht die von jemand anderen.

---

[3] Gesetz zu Verbesserung der Unternehmensberichterstattung. 2002 in Kraft getreten.

TEIL EINS

PRÄPARIEREN SIE DAS SCHLECHTE IN SICH

Der General ist der Wächter des Staates.
Wenn er stark ist, ist der Staat sicher.
Wenn er das nicht ist, wird der Staat zerfallen.
Sun Tzu

Auf was schaust du, Willis?
Gary Coleman [4]

Über Yin und Yang hinaus: Das Geheimnis von Yinyang

Schicksal ist sowohl Yin als auch Yang.
Es ist Feuer. Es ist Winter, Frühling, Sommer
und Herbst, und dann wieder Winter.
Gehe mit ihm. Gehe gegen es. Das ist Sieg.
Sun Tzu

Du kannst nicht gewinnen,
wenn du nicht spielst.
Poker-Aphorismus

Krieg ist die Hölle. Krieg ist Ruhm. Sie müssen die Fähigkeit haben kleinen Verlusten zwischen größeren Siegen standhalten zu können. Aber müssen Sie es gleich mögen? Nein. Die Verluste mit links nehmen? Nur wenn Sie ein Verlierer sind.

In der Schlacht zählt nur die Einstellung. Und wahren Kriegern ist gemeinsam, dass sie es sogar mehr hassen zu verlieren, als sie es lieben zu gewinnen. Sie sind verrückt danach. Manchmal bringt der Hass darüber, dass sie am falschen Ende der Fahnenstange sind, sie dazu verrückte Dinge zu tun. Es zahlt sich aus, einen Moment darüber nachzudenken, bevor wir fortfahren.

Ich möchte nicht gerne abfällig über Martha Stewart[5] reden, weil ich sie für einen winzigen Wassermolch halte, der im Vergleich zu den enormen grauen Kröten, deren Verbrechen die ihren bei Weitem übertreffen, erschreckend schlecht behandelt wurde. Diese großen grauen

Kröten schreiben jetzt alle irgendwo Bücher und warten darauf, dass *Forbes* eine positive Retrospektive über sie schreibt.

Aber Martha hatte ganz am Anfang ihrer Tortur die Chance zuzugeben, dass sie irgendwie Mist gebaut hatte. Sie verhielt sich für jemanden, der sowohl ein Genie als auch eine ehemalige Börsenmaklerin war, verhältnismäßig dumm. Sie nahm jede noch so törichte Strafe an, die die erfreuten, besänftigten und Publicity-hungrigen Behörden über sie verhängten, und machte dann trauriger, aber doch immerhin reicher, munter weiter.

Weil sie es jedoch nicht ertragen konnte gegenüber der Presse, dem Justizministerium oder irgendjemand anderem zu verlieren, schuf sie sich eine Menge Kummer. Schlimmer noch – sie verlor eine Menge Geld, um ihren Traum nach Perfektion zu verfolgen.

Das ist zu viel Yang.

Auf der anderen Seite gibt es Jerry Levin von Time Warner, vielleicht Pfund für Pfund seines Gewichts der größte Sun-Tzu-Kopf der letzten paar Jahrzehnte. So strategisch war dieser winzige Krieger, dass er seine gesamte Gesellschaft durch eine Strategie beim Zusammenschluss mit AOL um ungefähr 60% ihres Wertes gebracht hat. Also wirklich, er bot sich dem Pöbel von Internet-Typen, die für ihr Unternehmen keine Infrastruktur finden konnten, einfach an, so nach dem Motto „Bitte, nehmen Sie uns". Wir gehören Ihnen. Er nahm tatsächlich diese Haltung ein. Und sein stolzes Reich brauchte Jahre, um den durch seine Intelligenz, Voraussicht und reines, unverfälschtes Yin angerichteten Schaden wieder gut zu machen.

Yang lässt sein Schwert nicht fallen, bevor der Tod nicht seine Entscheidung getroffen hat, wen er mitnimmt.

Yin hofft, dass der andere Typ an einem Herzinfarkt stirbt, während er ihn erstickt.

Wenn Sie sich auf den ewigen Kampf vorbereiten, der nun mal das

Leben eines Kriegers ist, müssen Sie beides nicht hintereinander, sondern unisono kultivieren. Sie müssen beide Veranlagungen gleichermaßen in sich integrieren. Sie zu der richtigen Haltung eines Kriegers zusammenschweißen, die in sich Stärke und Flexibilität, Aggression und Strategie trägt, Ärger und die Fähigkeit diesen Ärger zu unterdrücken und bereit zu sein, an einem anderen Tag zu kämpfen. Zu viel Yang macht Sie blöde. Zu viel Yin macht Sie zu einer Memme.

Was Sie brauchen, ist die Kombination von beiden. Sie brauchen Yinyang.

Yinyang ist der Punkt, an dem sich der irrationale Wille nach Macht mit dem Willen vernünftig zu sein verbindet. Diese Mischung offenbart sich in einer Vielzahl von Wegen und bestimmt über Erfolg im Krieg.

Yin/Yang-Mischung

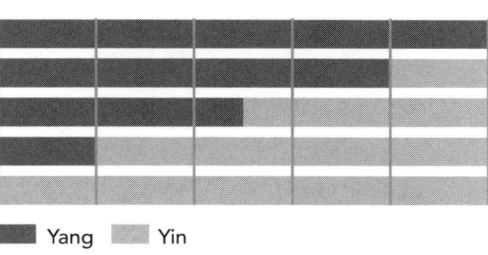

Yang   Yin

Zu viel Yang bringt Krieg im Irak. Sie haben eine Idee im Kopf und niemand kann sie Ihnen austreiben. Das passiert leitenden Angestellten die ganze Zeit. Sie arbeiten vielleicht für so einen. Wenn Sie das tun, wissen Sie, wovon ich spreche. Die Sorte von Typen, die gesagt hat, dass das Auto niemals das Pferd ersetzen würde und dass Kabel ein Zufallstreffer sind. Oder dass es eine gute Idee war, ein Atomkraftwerk in die größte Störungszone in den Vereinigten Staaten oder an das Ostende von Long Island zu bauen, wo es am Wochenende zwei Stunden dauert die Straße hinunterzugehen und einen Blaubeerkuchen zu kaufen – eine Tatsache, die vielleicht eine Bedeutung für Evakuierungspläne hat? Niemals. Zu viel Yang.

Die Nächsten auf der Liste sind die leitenden Angestellten, die ein bisschen zu viel Testosteron haben. Sie können einer von denen sein. Das heißt, Sie werden eine Weile gewinnen und dann das Spiel verlieren, das Sie so weit gebracht hat.

Und am anderen Ende der Skala, direkt nach Time Warner, ist Estland, das seit der Erfindung des Biers von jeder einfallenden Armee übernommen wurde.

Und in der Mitte ist Warren Buffett[6], die perfekte Mischung von Yin und Yang, die idealtypische Inszenierung von Yinyang.

Yinyang sagt nie „Ja" zum Scheitern. Aber ist nie zu stolz der Vernunft zuzuhören.

Yinyang bedeutet, dass es Angesichts des Jas kein Nein gibt. Angesichts des Neins gibt es kein Ja. Es gibt nur das, wofür man kämpft. Aber falls das Vielleicht auftaucht ... machen Sie sich die Mühe und geben Sie Acht!

Yinyang ist Macht. Yinyang ist Geld. Yinyang ist mehr als Macht und Geld. Es ist Sieg. Das Gefühl von Sieg fließt in Ihnen und außerhalb von Ihnen, verstrubbelt Ihre Haare, falls Sie Haare haben. Wenn nicht, verstrubbelt es die Erinnerung an Ihre Haare ...

Aber Yinyang bedeutet auch zu warten, geduldig, so lange, bis der Sieg kommt.

Es ist Einklang, Sicherheit, Widerlichkeit. Es ist Ihre Kriegereinstellung. Über Yin hinaus. Über Yang hinaus. Das ist das, was man „Alte Schule" nennt.

Es ist Yinyang.

Holen Sie sich etwas davon!

[4] US-amerikanischer Schauspieler

[5] Martha Stewart, als die „beste Hausfrau Amerikas" bezeichnet, war im Fernsehen und in Zeitschriften für Ihre Sendungen über Etikette usw. bekannt. Verwickelt in einen Effektenskandal (Insiderhandel) wurde sie zu fünf Monaten Gefängnis und fünf Monaten Hausarrest verurteilt. Gegen sie wurde ein zweijähriges Berufsverbot verhängt.

[6] US-amerikanischer Investor

Sind Sie es wert, dass man für Sie stirbt? (Ich nehme es nicht an)

*Der General ist vertrauenswürdig,
tapfer, streng und weise.*
Sun Tzu

*Militärische Intelligenz ist ein
Widerspruch in sich.*
Groucho Marx

Drüben bei Enron[7] gab es eine interessante Hackordnung, die deutlich wird anhand der Reihenfolge, wie die verschiedenen gut gekleideten Hacker einer nach dem anderen verhört und angeklagt werden. Dann wandern sie voller Scham und Bedauern (darüber, dass sie erwischt wurden) ins Gefängnis. Dort können sie nun ihre früheren Freunde und Kollegen verpfeifen. Einer nach dem anderen geht zu Boden, nachdem die Bombe geplatzt ist.

Man sagt, dass Ken Lay ein Idiot war, der nicht wusste, was los war, ein gutgläubiger und großzügiger Dummkopf, der mit seinem eigenen Portfolio trickste, während Rom immer noch eine fantastische Kapitalrendite versprach.

Nun, es kann durchaus „wahr" sein, dass er nicht „wusste", was täglich in der „Buchhaltungspraxis" der Firma so vorging. Und er war ein Lügner und Betrüger, einer von der Sorte, bei der man sich fragt, ob es wirklich so etwas wie eine höhere Macht gibt. Eine Macht, die das

Universum geschaffen hat und falls ja, was sich diese höhere Macht wohl dabei gedacht hat.

Aber als General war Ken Lay der Idealtyp für Sun Tzu. Schauen Sie sich bloß die vielen Menschen an, die bereit waren für ihn zu sterben! Und das, obwohl sie ihn noch nicht einmal mochten!

Was sind die Qualitäten eines Führers, die andere dazu bringen an seiner oder ihrer statt unterzugehen?

Das ist eine wichtige Frage, denn wenn Sie in diesem Krieg als Sieger hervorgehen wollen, müssen Sie eine Menge Unterstützung anfordern. Am Anfang werden Sie allein sein. Ihre Aufgabe ist es zunächst herauszufinden, wie Sie andere Personen auf sich aufmerksam machen, Personen, die bereit sind sich zu opfern, sodass Sie es nicht selbst tun müssen.

Bevor es dazu kam, so vermute ich, waren Sie selbst einmal Teil der Armee von irgendjemandem. Das ist alles schön und gut. Jemand muss schließlich Ihr Kantinenessen bezahlen. Aber von jetzt an ist alles anders.

Von nun an sind Sie, mein lieber Freund, nicht Teil irgendeiner Armee, sondern Teil Ihrer eigenen. Sie sind die Armee. Sie sterben für niemanden mehr, egal wie groß und verführerisch dieser auch sein mag. Na, ist das nicht eine Erleichterung?

Sun Tzu sagt:

Es ist Tao, das die Menschen dazu bringt, die gleichen Absichten zu haben wie ihre Vorgesetzten. So können sie mit ihm sterben, mit ihm leben und ihn nicht täuschen.

Die gleichen Absichten wie die Vorgesetzten. Nun ja …

Hm. Lassen Sie uns darüber eine Weile nachdenken.

Als ich ein junger Mann war, arbeitete ich bei einer sehr guten Firma, die von sehr netten Leuten gut geführt wurde. Diese Leute wussten, was sie taten. Es gab jede Menge Zuneigung und jeder von uns verdiente eine Menge Geld. Für Harold, unseren Direktor, wären wir durchs Feuer gegangen, und für Carl, unseren Präsidenten, ebenfalls. Dann verkauften sie unsere Abteilung und dieser Gang durchs Feuer fand wirklich statt. Das oberste Management hatte es gut, denn es hatte nur eine Absicht – mit einer Wagenladung voll Geld davonzuziehen. Das mittlere Management hatte es wesentlich weniger gut, denn dessen Absichten waren anderer Natur. Dessen Absicht war es, den Hinrichtungswagen auf seinem Weg aus der Stadt mit dem eigenen Leben zu verteidigen.

Wir alle begreifen diese Art von Geschichte, und wissen, dass es für uns an jeder Ecke eine solche Geschichte geben kann. Und trotzdem stellen wir uns jeden Tag in Reih und Glied auf, darauf vorbereitet unser Leben für unsere Führer zu geben. Wieso? Weil es, wenn wir es wissen, darauf hinausläuft, dass alles in Tränen endet – für uns, nicht für die anderen.

Aus Angst? Vielleicht. Aber das reicht nicht. Aus Gier? Ja. Aber dafür stirbt man nicht. Nur wenige sind bereit aus Gier zu sterben. Warum dann?

Aus Liebe natürlich.

---

[7] Amerikanischer Energiekonzern, der eine der größten Firmenpleiten in der Wirtschaftsgeschichte Amerikas verzeichnete. Der Konzern beschäftigte bis zum Firmenzusammenbruch 2001 21.000 Angestellte.

Wie Sie andere dazu bringen, Sie zu lieben
Teil 1: Lieben Sie sich selbst

Was zählt, ist nicht notwendigerweise
die Größe des Hundes beim Kampf –
aber die Kampfgröße im Hund
Dwight D. Eisenhower

Dies mag für Sie verrückt klingen, aber nehmen Sie sich die Zeit ein wenig darüber nachzudenken: Bevor Sie andere dazu bringen für Sie zu sterben, müssen Sie bereit sein für sich selbst zu sterben. Für eine höhere Vision Ihres Selbst. Als sich Marc Anton in Cleopatra vernarrte, wusste er, dass er sich damit den Zorn Roms zuziehen würde. Aber er scherte sich nicht darum. Er wusste, dass er, Marc Anton, nie wieder zurückkehren könnte und in seinem Minirock um das Forum spazieren würde. Er hatte was anderes zu tun. So starb er für sich selbst, für eine Vision seiner selbst.

Erst kürzlich erregte Howard Dean, der frühere Gouverneur des winzigen Staates Vermont, landesweit Aufsehen, indem er eine echte Alternative zu der abgestandenen herkömmlichen Politik lieferte, die seit Jahrzehnten Jung und Alt bei den Wählern zum Gähnen brachte. Er sah sich selbst als einen Mann der Wahrheit, und was noch entscheidender ist, als einen Mann voller Leidenschaft. Howard Deans Vorstellung von Howard Dean war, dass er, Howard Dean, Leidenschaft in die Politik bringen würde. Als er schließlich in Iowa unerwartet verlor, wollte er seinen Anhängern dennoch beweisen, dass er immer noch diese Leidenschaft besaß. Indem er seine Niederlage eingestand und gleichzeitig ankündigte weiterzumachen, hielt er eine Rede, die jetzt als: „Ich begehre auf"-Rede bekannt ist. Er lieferte damit ein derart übertriebenes Gestammel ab, dass ihn das Ganze völlig aus dem Rennen warf. Niemand will einen zukünftigen Landesvertreter wie einen Hund jaulen hören und sehen. Aber obwohl er seine eigene Kandidatur zerstörte, blieb Dean dem Mann treu, der die Vision gehabt hatte, ein Streiter ersten Ranges zu sein. Er starb für sich selbst. Und ungeachtet dieses Aufschreis war sein Abgang begleitet von dem Respekt und der Zuneigung vieler Menschen, die Politik als etwas Aufrichtiges und Wichtiges bewerten und nicht als kriecherisch, schmierig und abstoßend.

Sind Sie bereit für sich selbst zu sterben? Wenn Sie es sind, müssen Sie zuerst einmal diese Fähigkeit erreichen. Sie müssen erst einmal bereit sein für sich zu leben.

Das ist eine größere Verpflichtung, als man zunächst annehmen mag. Jeder, der diese Art von Hingabe, die Sie von anderen erwarten, fordert, trägt sie in seinem eigenen Herzen. Und das ist hart. Die meisten Menschen wollen zumindest auch ein wenig für andere leben. Aber das dürfen Sie nicht, wenn Sie ein echter Business-Krieger sein wollen.

Leben für sich selbst:
Die wichtigsten Verpflichtungen

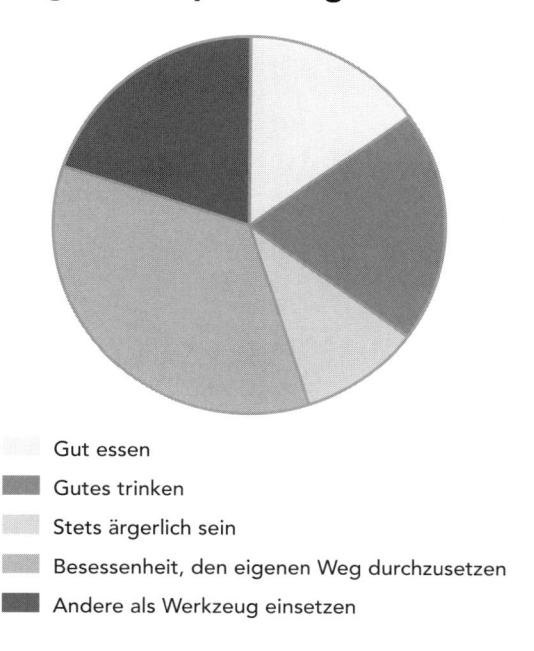

- Gut essen
- Gutes trinken
- Stets ärgerlich sein
- Besessenheit, den eigenen Weg durchzusetzen
- Andere als Werkzeug einsetzen

Wenn Sie es schaffen ungeachtet sämtlicher Umstände ein Wahnsinnsniveau an Eigennutz zu halten, und dies tun, ohne mitten in der Nacht schweißgebadet aufzuwachen, sind Sie bereit, von anderen in Ihrer Geschäftsumgebung eine selbstmörderische Liebe zu erwarten.

Kapiert? Gut.

Wie Sie andere dazu bringen, Sie zu lieben
Teil 2: Hallo Mutter, hallo Vater

Verteile Lob und Tadel zu gleichen Teilen.
Alles, was nicht im Lot ist, kommt zu Fall.
Sun Tzu

Du rufst nie an. Du schreibst nie.
Deine Mutter

Haben Sie jemals daran gedacht, dass ein Boss in vielerlei Hinsicht wie eine angeschlagene, verblasste und mutierte Replik der eigenen ursprünglichen Autoritäten – der Eltern ist? Lassen Sie uns die einzelnen Eigenschaften aufzählen:

› Gibt uns Brot mittels Gehaltsscheck und liefert uns periodisch Verbesserungen unseres Lebens und Stils;
› Verlangt verhältnismäßig konstant die Leistung von Arbeit und zwar immer dann, wenn man gerade etwas anderes macht;
› Fordert Liebe oder auch manchmal den Wechsel zwischen Liebe und Hass;
› Die Neigung mitunter aufmerksam zu sein und ein anderes Mal nicht;
› Hat nie Unrecht, selbst wenn es offensichtlich ist;
› Fähig, in Ihnen Schuldgefühle hervorzurufen, selbst wenn Sie nichts falsch gemacht haben;

> Mit Stolz unbeständig in der Verfolgung von Zielen, die bestenfalls unklar sind und schlimmstenfalls unerklärlich;
> Kaum zu ärgern, schnell versöhnlich …

Halt, warten Sie! Das ist Gott. So weit sind wir noch nicht. Außer bei Wal-Mart, wo Gott in der Form von Sam Walton vielleicht tot ist, aber noch genauso weitermacht wie bisher. Oder Nordkorea, wo Gott wirklich lustige Haare hat.

Sun Tzu lehrte, dass eine rationale strategische Herangehensweise sich am besten dazu eignet, Menschen zu managen. Das kann durchaus möglich gewesen sein, als im 20. Jahrhundert fast fünfzig Jahre lang die Menschen in fast gleichen Pyjamas in diesem abgelegenen Teil der Welt herumliefen. Aber hier im westlichen Teil von Pangaea herrschen anstelle von Ordnung und Rationalität Liebe und Hass, Leidenschaft und Gier, Ehrgeiz, Manipulation, Schuld, Scham und mitunter Freude. Kurzum, Familie.

Psychiater nennen das *Transferenz*. Damit ist der Vorgang gemeint, durch den Gefühle und Wünsche, die ursprünglich an eine Person gebunden waren, wie zum Beispiel Vater oder Mutter, Bruder oder Schwester unbewusst auf eine andere Person übertragen werden. Normalerweise ist die Person in irgendeiner Form eine Autorität.

Denken Sie einmal darüber nach, welche Empfindungen Sie gegenüber denjenigen haben, die für Sie arbeiten. Lieben Sie sie? Hassen Sie sie? Grollen Sie ihnen? Wollen Sie etwas von ihnen? Wird Ihnen schwindlig, wenn man Sie für irgendetwas Banales lobt? Verdüstert sich Ihre Miene, wenn man Sie im Aufzug nicht grüßt? Oder sind Sie eifersüchtig auf den Kerl unten in der Halle, weil er ein neues Namensschild auf seinem Schreibtisch bekommen hat?

Sie übertragen Ihre tiefsten persönlichen Gefühle auf Ihren Job. Das ist nicht nur natürlich, sondern unvermeidlich.

Nun müssen Sie die anderen dazu bringen, das Gleiche für Sie zu tun und zwar folgendermaßen:

1. Seien Sie freundlich, wenn möglich.
2. Seien Sie ärgerlich, wenn es ansteht. Von Eltern erwartet man, dass sie einen auch mal anschreien.
3. Erwarten Sie jede Menge Leistung. Von Eltern erwartet man, dass sie einem Aufgaben übertragen.
4. Seien Sie sparsam mit Lob, damit Ihr Lob etwas Besonderes ist. Wenn Sie zu viel loben, denken die Leute, Sie wollten ihnen schöntun, und nur schlechte Eltern tun ihren Kindern schön.
5. Bestrafen Sie Ihre Angestellten so, wie es Eltern tun, und nicht business-like. Schreien Sie Ihre Leute an oder schmeißen Sie sie aus dem Büro, wenn Ihnen etwas nicht passt. Dann hüllen Sie sich ein paar Tage lang in beleidigtes Schweigen. Am Ende werden diese Menschen darum betteln für Sie sterben zu dürfen.

Und wie alle Autoritätspersonen, die Respekt und Gehorsam verdienen und es wert sind, dass man für sie stirbt, sollten Sie hin und wieder anderen zuhören, aber nicht zu oft. Welche Eltern hören denn schon wirklich zu?

Wenn Sie diese Grundsätze befolgen, werden selbst jene, die Ihnen nicht zu Respekt und Gehorsam verpflichtet sind, allmählich das Bedürfnis danach entwickeln. Wie Ihre Mutter schon immer sagte: „Wenn du nichts verlangst, bekommst du nichts". Verlangen Sie alles, was unvernünftige Eltern verlangen würden und Sie werden mit der Zeit einen Kader an Leuten zusammenbekommen, der auf Ihre Führung wartet, auf Ihre Anerkennung und vor allem auf Ihre Befehle.

Und nun gehen wir noch einen Schritt weiter: der Aufbau einer Armee.

Bleiben Sie grausam

Verpiss dich, Arschloch
Arnold Schwarzenegger

Arnold Schwarzenegger ist der Gouverneur von Kalifornien. Selbst wenn Sie in Kalifornien leben sollten und für Arnold gestimmt haben, hat dieser Kerl Ihnen nicht schon ein paar Mal die Peitsche um die Ohren geknallt?

Arnold Schwarzenegger ist der Gouverneur von Kalifornien. In gewisser Weise ist das ein noch größerer kosmologischer Sprung als bei Jesse Ventura, als dieser Gouverneur von Minnesota wurde. Obgleich ich denke, dass es zu dessen Zeit auch ziemlich umwerfend war. Jesse war in vielen Filmen Arnolds vertreten und starb sehr bewegend in *Predator*, wo er von einer Rakete Außerirdischer genau in der Mitte getroffen wurde. Kurz danach bewarb er sich um den Gouverneursposten. Glauben Sie, dass das Arnold zu denken gegeben hat?

Nun, erzählen Sie mir nicht, dass Arnold nur deshalb gewählt wurde, weil er eine Art visionären Fahrplan für den Goldenen Staat hatte. Ich meine, vielleicht hatte er ja einen, aber deshalb wurde er nicht gewählt.

Nein, Arnold Schwarzenegger ist der Gouverneur von Kalifornien, weil er die Bürger von Kalifornien davon überzeugt hat, hart genug zu sein, um das zu tun, was er will. Wir sprechen hier nicht über den netten, überraschenderweise intelligenten und geistreichen österreichischen Hedonisten, der Dinge sagte wie: „Ich denke eine homosexuelle

Heirat sollte zwischen einem Mann und einer Frau stattfinden" oder „Mit Geld kann man das Glück nicht kaufen. Ich habe nun fünfzig Millionen Dollar und bin nicht glücklicher als zuvor, als ich nur achtundvierzig Millionen hatte".

Nein, wir sprechen über den anderen Arnold. Denjenigen, der sein Auge herausnimmt, es abwäscht und wieder in die Augenhöhle zurücksteckt wie in Teil 1 von *Terminator*. Oder wie der Typ in *Commando*, der 10.000 Kerle tötete, weil sie seine Tochter gekidnappt hatten ... oder wie in *Terminator 2* als er seinen dicken muskulösen Daumen mit einer Geste der Niederlage und Hoffnung in die Luft reckte, während er lebendig in heißem Metall gekocht wurde. Dieser Arnold. Der Arnold, der versprach: „Ich werde wiederkommen". Und Sie wissen, dass er es tun wird, weil er verdammt noch mal meint, was er sagt.

■ Bereitschaft zu sterben   ▨ Grausamkeit des Anführers

Die Tabelle auf der vorhergehenden Seite erläutert die Beziehung zwischen der Bereitschaft der Menschen für den, der sie anführt, in die Schlacht zu ziehen und die übliche Grausamkeit dieser politischen, militärischen und Geschäftsbefehlshaber.

Beachten Sie die direkte Beziehung zwischen der aggressiven und gereizten Haltung des Anführers und seiner Fähigkeit die Art von Respekt und Angst zu dirigieren, die eine Todesbereitschaft in den Untergebenen hervorruft.

Der Schicksalsstern der Menschen: Sie!

Der General ist der Schicksalsstern der Menschen, der Meister seiner Sicherheit und seines Schicksals.
Sun Tzu

Die entscheidendste Eigenschaft, die ein Soldat besitzen kann, ist unerschütterliches, überzogenes Selbstbewusstsein.
George S. Patton[8]

Wir sprechen hier über Sie. Sun Tzu spricht über den Schicksalsstern der Menschen, und was dieser vermag. Wieder einmal wundern Sie sich, kratzen sich am Kopf und fragen sich, was er wohl meint.

Was er meint, ist ganz einfach, aber: Je nachdem, wie gut der Anführer ist, wird ein Krieg gewonnen oder verloren. Und der Anführer sind Sie, klar? Sie, Bruder und/oder Schwester, Sie sind der Schicksalsstern der Menschen.

Egal, was die anderen sagen, Sie als Schicksalsstern entscheiden, wann die Schlacht geführt wird. Ganz gleich welches Getöse sich über Ihnen erhebt, Sie als der Schicksalsstern bestimmen, wann Essenspause ist. Sie können vielleicht ein paar Ihrer Kollegen zum Abendessen mitnehmen. Sie, der Schicksalsstern bestimmen, wer leben darf und wer nicht, Sie bestimmen die Stunde von Leben und Tod – insbesondere dann, wenn die Zeit der Haushaltsrevision gekommen ist.

Sie sind der General. Sie sind die Armee. Sie sind der Planer, der Kämpfer, der Anführer, der Gesetzgeber, der Kleister und Schmierstoff, der das Ganze zusammen und am Laufen hält.

Um wen geht es da?

Die Kriegergesinnung

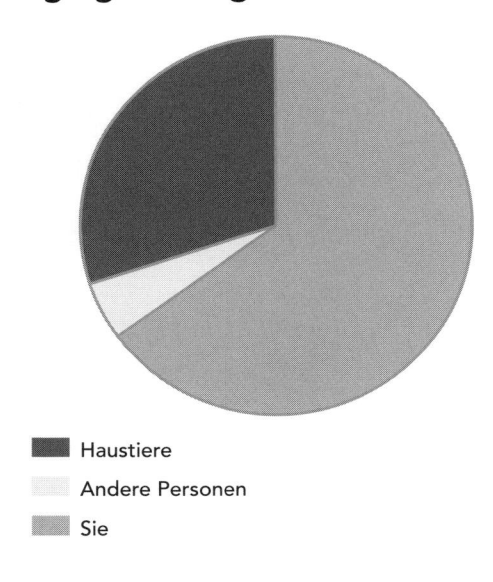

■ Haustiere
■ Andere Personen
■ Sie

Richtig – um Sie! Den Schicksalsstern der Menschen.

Wenn Sie sich dieser großartigen Tatsache bewusst sind, werden Ihnen die Menschen bis ans Ende der Welt folgen, bis in den Tod und darüber hinaus.

Und sie tun gut daran. Denn genau dahin gehen Sie, mein Freund!

---

[8] General Patton, US-General im Zweiten Weltkrieg und passionierter Reiter

TEIL ZWEI

AUFBAU IHRER ARMEE

Wenn ein Krieg geführt wird und tausend leichte Wagen und ebenso viele schwere Wagen im Felde sind, und dazu noch einhunderttausend gepanzerte Soldaten, die genügend Vorräte bei sich haben, um sie tausend Meilen weit zu tragen, belaufen sich die Ausgaben zu Hause und an der Front einschließlich der Bewirtung der Gäste, der Ausgaben für Kleinigkeiten wie Leim und Farbe sowie Ausgaben für Wagen und Rüstungen täglich auf tausend Unzen Silber. Das sind die Kosten, wenn man eine Armee von hunderttausend Mann aufstellt.
Sun Tzu

Ein Atomkrieg würde einen Rückschlag für das Kabelfernsehen bedeuten.
Ted Turner [9]

Wer und wessen Armee?

*Betrachte deine Soldaten als deine geliebten
Kinder und sie werden dir in die tiefsten Täler
folgen. Betrachte sie als deine Söhne und sie
werden mit dir sterben.*
Sun Tzu

*Kriege haben niemals irgendjemanden verletzt,
abgesehen von den Menschen, die sterben.*
Salvador Dalí

Nehmen wir zum Zwecke dieser Diskussion einmal an, dass Sie, obwohl Sie intelligent sind, Schneid haben und gut aussehen, immer noch keine funktionierende Armee haben. Das schränkt Ihre Möglichkeiten ein, einen funktionierenden Krieg zu führen. Es ist nun mal eine unbestreitbare Tatsache, dass ein Krieg, der nicht mit den notwendigen Mitteln geführt werden kann, so gut wie schon verloren ist.

Sie können aus dem Hinterhalt schießen. Sie können untergraben. Sie können ein Stachel im Fleisch des Feindes sein. Sie können tapfer einen einsamen Kampf führen, den heroischen Tod eines Einzelkämpfers sterben. Aber Sie können keinen siegreichen Krieg ohne irgendwelche Truppen führen. Es gibt natürlich alle Arten von Armeen, von denen jede bestimmte Funktionen je nach Fähigkeit erfüllt:

Art der Armee	Fähigkeiten
Ein paar zwielichtige Freunde, bunt zusammengewürfelt	Spionage, kleinere Morde
Freunde, Kollegen, Schlüsselmanagement	Guerillakriegführung, teuflische Nahkämpfe, Rückzugsgefechte
Hingebungsvolles treu ergebenes Personal, enge Freunde, ängstliche Kollegen	bescheidene Scharmützel, Belagerungen, kurze heftige Schlachten
Anspruchslose Streitmacht von trainiertem, zum Kern gehörenden Führungspersonal, das Ihren Interessen loyal gegenüber steht, durchtriebenene Spione von der anderen Seite, die denken, dass Sie gewinnen könnten und sich Ihre Pfründe sichern wollen.	Gute solide Kriegführung, die sich über einen längeren Zeitraum erstreckt
Großes Bataillon von gerissenen Kriegern, die Ihre Ziele begreifen und ihre eigenen Interessen mit den Ihrigen verbunden sehen	Eroberung aller Konkurrenten, Vernichtung aller, die sich Ihnen in den Weg stellen
Ein sehr alter, sehr gewitzter leitender Angestellter, der Sie unter seine Fittiche genommen hat	Zerstört all Ihre Feinde, kann möglicherweise auch Sie selbst in dem ganzen Prozess vernichten

Wie Sie sehen, gibt es verschiedene Militäreinheiten, die für unterschiedliche Aufgaben zuständig sind. Man würde beispielsweise nicht zur Britischen Armee mit ein paar Jungs gehen, die nur rostige alte Musketen haben. Aber wenn Sie diese Heckenschützen hinter einem

Busch postieren, können solche Haderlumpen ein ganzes Reich in Schach halten.

Halten Sie einen Moment inne und denken Sie darüber nach, was Sie im Augenblick haben. Dann machen Sie genau das Gegenteil von dem, womit Pazifisten ihr Leben verbringen: Visualisieren Sie Krieg.

Welche Macht wollen Sie erringen? Wie weit sind Sie von Ihrem Ziel entfernt? Was sollten Sie am Anfang tun?

---

[9] Leiter von CNN

Machen Sie aus sich einen General

Trainiere die Leute. Diszipliniere Sie.
Sie werden sich unterwerfen.
Sun Tzu

Sie wollen Loyalität?
Dann kaufen Sie sich einen Hund.
Mein Boss

Mehr als einhundert Leute erstatten mir Bericht. Manchmal sind sie eine Armee und manchmal nicht, was von der Aufgabe abhängt. Kurz gesagt, denke ich, dass sie eine Armee sein können, wenn ich es verlange. Wenn diese Anforderung niemals gestellt wird, handelt es sich nur um eine gute Abteilung und das ist in Friedenszeiten eine ganze Menge.

Die Anforderungen an den Anführer und seine Truppe sind im Krieg unterschiedlicher Natur. Wenn es wirklich um einen militärischen Konflikt für Ihre Sache geht, muss eine Gruppe an Leuten durch drei wichtige Überlegungen zu einer Armee zusammengeschweißt werden:

1. Das Bewusstsein, dass sie tatsächlich eine Armee sind und Sie, zumindest für einen begrenzten Zeitraum und für einen bestimmten Zweck, Ihr Anführer;
2. Dass es einen Feind gibt, der für das ganze Wirtschaftssystem eine Gefahr darstellt;

3. Dass es möglicherweise nötig ist für die Sache zu sterben, selbst wenn Sie die Sache sind.

Wenn es zum Krieg kommt, habe ich so meine Zweifel, ob meine Abteilung eine Armee im wörtlichen Sinne ist. Ich könnte mir vorstellen, dass ein paar meiner Jungs bereit wären eine leichte Schulterverletzung für mich in Kauf zu nehmen. Vielleicht einen Schnitt beim Rasieren, wenn es sich um einen schlechten Tag handelt, und ich ihnen dafür eine langes Wochenende versprochen habe. Aber sterben? Nein. Ich denke nicht, dass sie es momentan tun würden. Und wenn Ihre Armee nicht für Sie sterben will, ist sie keine richtige Armee, oder? Dann sind sie höchstens Mitglieder einer Weihnachtsparty.

Wieso sollte irgendjemand für Sie sterben? Würden Sie für die anderen sterben? Oder würden Sie, wie die meisten Generäle oben auf dem Hügel sitzen und zusehen, wie einer nach dem anderen den Hügel hinunterstürmt auf der Jagd nach Ihrer Agenda? Natürlich würden Sie das tun. Deshalb eignen Sie sich zum General. Aber in der richtigen Kriegskunst reicht das nicht aus, meine Damen und Herren. Sie müssen zwei Dinge tun, um selbst die minderwertigste, betrunkene, dumme und dem Untergang geweihte Armee anzuwerben und zu unterhalten:

1. Führen Sie einen Krieg ohne Armee und beweisen Sie den anderen, dass Sie es können;
2. Auf diese Weise ziehen Sie andere auf Ihre Seite. Da die meisten keine Ahnung haben, was zum Teufel eigentlich los ist, und deshalb nach einer Führung Ausschau halten, selbst wenn Sie der Anführer sind, werden sie Ihnen folgen.

Jetzt sehen wir dem zentralen Thema der echten Kriegskunst, wie sie auf den Schlachtfeldern des heutigen Geschäftslebens ausgefochten wird, ins Auge: Krieg ohne Armee. Sie sind eben noch kein Bill Gates, der über eine Phalanx hoch dotierter, abgehetzter Anwälte verfügt, die Ihre Angebote abgeben, ganz gleich, wie konkurrenzlos diese auch sein mögen. Sie sind auch nicht ein gemeiner, unbarmherziger Tyrann wie Bill O'Reilly[10], der über genügend Werbeeinfluss verfügt, um damit die Anwälte bei NewsCorporation zu zwingen, jedem noch so kleinem Änderungsantrag entgegenzutreten, worauf sie täglich für die Verteidigung ihrer innerbetrieblichen Klienten eingeschworen werden. Sie sind nicht Dennis Kozlowski[11], der für eine Party ein lebensgroßes Modell von Michelangelos *David* bestellte, das dann Wodka pinkelte.

Das Letzte ist wahrscheinlich ein bisschen daneben. Manche Dinge sind es einfach nicht wert, dass man sie tut, auch wenn man dazu in der Lage ist.

Bevor Sie, der westliche Krieger, die Verantwortung für das Kommando übernehmen, müssen Sie die Kriegskunst ohne die Werkzeuge des authentischen chinesischen Kriegherrn ausüben, ohne Truppen und somit ohne die Macht über Leben und Tod. Ohne Messer, Gewehre, Kanonen, Katapulte, Bomben, Flugzeuge oder sogar ohne die ganze Kriegsmeute.

Sie müssen es selbst tun und haben nichts weiter an Waffen zur Verfügung als das, was jeder normale Mensch an Fähigkeiten besitzt.

Krieg ohne eine Armee

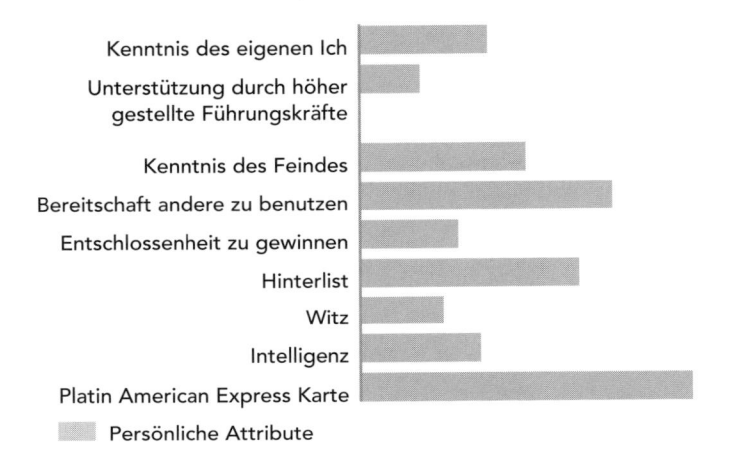

- Kenntnis des eigenen Ich
- Unterstützung durch höher gestellte Führungskräfte
- Kenntnis des Feindes
- Bereitschaft andere zu benutzen
- Entschlossenheit zu gewinnen
- Hinterlist
- Witz
- Intelligenz
- Platin American Express Karte
- Persönliche Attribute

Der Einsatz dieser Attribute zum eigenen Vorteil sowie die Zerstörung anderer erhebt eine Durchschnittsperson zum Krieger. Die Fähigkeit, andere dazu zu bringen in gleicher Weise für einen selbst zu agieren macht aus einem Krieger einen General.

---

[10] Fernsehmoderator von Fox News. Für seine Aggressivität und Rassismus bekannt.

[11] Früherer Chef von Tyco, der 600 Millionen Dollar unterschlagen haben soll.

Wer sind
Ihre Mitstreiter?

Wenn der Sieg zu lange auf sich warten lässt,
werden die Waffen stumpf. Ein sich hinziehender
Krieg laugt den Staat aus.
Sun Tzu

Ehe ist der einzige Krieg,
in dem man mit dem Feind schläft.
Gary Busey

Es kann sein, dass Sun Tzu in diesem einen Fall vielleicht recht hatte und Gary Busey sich irrte. Oder keiner hatte Recht. Beschäftigen wir uns zuerst mit Gary Busey[12].

Business ist ein Krieg, bei dem Sie jeden Tag mit dem Feind schlafen. Public Relation-Leute müssen jeden Tag mit hinterlistigen Journalisten sprechen, die zwar sagen, dass sie hinter einer Sache her sind, in Wirklichkeit aber ganz andere Dinge verfolgen. Diese Public-Relation-Typen müssen Freunde der Journalisten sein, sie zum Essen mitnehmen, und selbst den schmierigsten von ihnen auf endlosen wochenlangen Feiern hochleben lassen. Sie müssen mit denselben Leuten intim sein, die sie am nächsten Tag mit einem scharfen „Du kannst mich mal!" so fröhlich aufspießen, wie sie in der Nacht zuvor noch den Chardonnay, den es umsonst gab, geschlürft haben.

Journalisten wiederum müssen mit den leicht zu manipulierbaren, schmierigen Public-Relation-Leuten in Verbindung bleiben, Menschen, die alles unternehmen, um sich in den Gehirnen der Journalisten einzunisten und deren Hand führen wollen; es sind die sogenannten Freunde, die ihnen sagen, dass nichts vorgefallen ist, bis sich dann später herausstellt, dass es doch etwas gab und umgekehrt.

Politiker müssen miteinander reden, und das, obwohl sie wissen, dass in jedem von ihnen das Herz nur für die eine Sache schlägt, nämlich selbst der Gewinner zu sein.

Doktoren müssen mit den Verwaltern sprechen, College-Professoren mit dem Dekan, Felsenkletterer mit dem Netzwerk, das sie in die Luft hebt, außer nach dem Super Bowl[13].

Viele Ehemänner und -Frauen schlafen weniger miteinander, als es die Businesskrieger mit jemandem tun müssen, den sie nicht leiden können.

In diesem ständigen Kriegszustand müssen Sie sich auf jemanden stützen können. Dieser Personenkreis umfasst:

1. Sie: Sie sind Ihr bester Verbündeter.
2. Geschäftsfreunde, mit denen Sie außerhalb der Geschäftszeiten über andere Dinge als das Geschäft reden. Leute, mit denen Sie einen trinken gehen oder einen Kaffee trinken, falls Sie keinen Alkohol vertragen sollten.
3. Echte Freunde, außer Sie sind Martha Stewart, die irgendetwas Dummes zu ihrem Freund sagt, nur um es dann später als Aussage im Zeugenprozess wiederholt vorzufinden.
4. Leute, die das gleiche Eigeninteresse haben wie Sie.

Die ständigen und wechselnden Partner, Freunde und freundlichen Feinde müssen, um Verbündete sein zu können, eingeschworen, geformt und modelliert werden. Dann schicken Sie diese Leute in die Schlacht, deren Ende nicht wirklich in Sicht ist. Business ist nicht wie ein Krieg in einer entscheidenden Phase, außer Sie sprechen gerade vom Hundertjährigen Krieg zwischen Deutschland und irgendeinem anderen Land in der Zeit zwischen 1300 und 1400. Im Businesskrieg gibt es kein Ende. Leute sterben, um dann an anderer Stelle auf widerwärtige Weise wieder aufzuerstehen. Sie gewinnen am Freitag und bekommen am Montag einen Tritt in den Hintern. Deshalb sind die meisten Verbündeten nur so gut wie bei ihrem letzten Einsatz.

Diese Typen müssen, genau wie Sie, fast immer gewinnen oder sie verlieren den Mut. In diesem Falle müssen Sie nach neuen Mitstreitern Ausschau halten.

---

[12] US-amerikanischer Schauspieler, geboren 1944 in Texas.

[13] Finale der US-amerikanischen Football-Liga

Wie man andere Leute zum Kämpfen bringt: Ein kurzer Lehrgang

Wenn die Leute mit dem Rücken zur Wand stehen, werden sie kämpfen, als hinge ihr Leben davon ab. Erfolg ist dem Tod vorzuziehen, wenn er die einzige Alternative ist.
Sun Tzu

Alles, was Sie in einer Schlacht brauchen, ist Heißblütigkeit und das Wissen, dass zu verlieren gefährlicher ist als zu gewinnen.
George Bernard Shaw

Es ist nun einmal menschlich, dass jeder versucht, Schmerz zu vermeiden und nach Möglichkeit auch anderen keine Pein zuzufügen, außer man ist ein Sadist. Nur im Business, in der Politik und beim Militär wird diese grundsätzlich friedliche menschliche Natur jeden Tag verletzt, weil man ständig auf der Suche nach Konflikten, Vorteilen und Gewinn ist.

Wie bringt man diese Leute so weit? Verzweiflung funktioniert da nicht, außer vielleicht in kurzen Auseinandersetzung im Sun-Tzu-Stil, die innerhalb eines Tages begonnen und beendet werden, weil jeder nur eine bestimmte Anzahl an Streitwagen hat.

Sie müssen Menschen, bei denen Sie darauf hingearbeitet haben, dass sie für Sie ohne konkrete Veranlassung Liebe und Loyalität empfinden, auf etwas trimmen: Diese müssen den Wunsch zu kämpfen in sich entwickeln. Sie können das ganz einfach erreichen – der Umfang idiotischer Auseinandersetzung in dieser Welt beweist es – indem Sie für jeden möglichen Soldaten (Sie eingeschlossen) die folgenden fünf grundlegenden Fragen beantworten:

1. **Warum machen wir das?**

Es muss einen Anlass geben, selbst wenn der Grund nichts anderes als „Weil ich verrückt bin" ist. Vom Erhabenen zum Lächerlichen: eine der Tatsachen, die das AOL-Time-Warner-Debakel auszeichnete, war, dass niemand auf der Time-Warner-Seite verstehen konnte, warum ein Dummkopf wie Jerry Levin eine der weltgrößten Firmen an einen Haufen kleiner Pisser verkaufen würde. Nun ist die Sache klar: Es gab keinen Anlass, außer der nebulösen neuen Medienvorstellungen eines verrückten Geschäftsführers.

2. **Was springt für mich dabei heraus?**

Es muss für jeden, der kämpft, eine Belohnung geben – das Überleben ist manchmal ausreichend, aber besser ist natürlich Geld, Macht oder am besten, und damit auch am teuersten von allem, das hohe Ansehen derjenigen, die auf diese Weise leben. „Wir, die Todgeweihten, grüßen dich!", sagten die Gladiatoren, die für Cäsar kämpften, während Cäsar auf dem Podium saß und Feigen verspeiste. Warum starben sie? Warum grüßten sie? Denken Sie mal nach!

3. **Werde ich verletzt werden?**

Sicher möchte jeder das wissen. Das will ich auch jeden Morgen wissen, wenn ich aufstehe und anfange mich zu rasieren. Was wird der Tag bringen? Wird die Schlacht verloren oder gewonnen? Und werde ich Bauchweh bekommen? Sie können diese Frage wahrscheinlich nicht beantworten, weshalb strategisches Lügen mitunter nötig ist. Buchstäblich während jeder Fusion, die ich erlebt habe, wurde allen Angestellten gesagt, dass es gut für sie sei. Es war niemals gut für sie. Das hielt die Leute aber nicht davon ab Tag und Nacht zu arbeiten, damit der Abschluss zustande kommen konnte. Doch zum Schluss wurde jeder hinausgeworfen.

Im Krieg ist die Lüge, dass es jedem gut gehen wird, durchaus angebracht. Leute, die aus Angst vor dem Schicksal bis zu ihrem Tod oder zumindest bis sie das Gebäude verlassen haben, Trübsal blasen, sind einfach nicht zu gebrauchen.

4. **Wie lange wird es dauern?**
In diesem Fall muss man die Wahrheit sagen. Sie wissen es nicht. Bereits zur Teestunde um fünf Uhr kann alles vorüber sein, das wäre wahrscheinlich die Art und Weise, die Sun Tzu und seine Jammerlappen an Gefolgsleuten bevorzugen würden. Abhängig davon, in welchen Schlagabtausch Sie verwickelt sind, kann es Tage, Monate, Jahre oder die ganze Berufslaufbahn lang andauern. Ich kenne Typen, die vor zwanzig Jahren für Pepsi gearbeitet haben und bis heute keinen einzigen Schluck Coca Cola trinken würden.

5. **Kann ich danach Urlaub nehmen?**
Nein. Nach dem Krieg kommt etwas viel Besseres, meine Freunde – der Aufruf zum Beutemachen!

Diesen Beuteaspekt werden wir später noch genauer betrachten. Doch jetzt ist es an der Zeit, dass wir Ihre neuen coolen Werkzeuge erst einmal einsetzen. Sie haben noch einen langen Weg vor sich, bis Sie endlich den Korken einer Flasche Veuve Cliquot knallen lassen können.

Halten Sie die Truppe(n) bei Gesundheit und Laune

*Nahrung, Waffen und Geld –
alle drei Dinge sind von entscheidender
Bedeutung. Unterwegs auf dem Marsch ist
die Nahrung das einzig Wichtige.
In der Schlacht zählen die Waffen mehr
als Nahrung. Während der Ruhezeiten braucht
die Armee Geld. Halten Sie ein wachsames
Auge auf alle drei Faktoren.*
Sun Tzu

*Der erste Schritt für einen erfolgreichen Krieg ist,
die Leute zum Kämpfen zu bringen.*
Fran Lebowitz

Und damit sie kämpfen, müssen sie gefüttert werden – und zwar auf verschiedene Weisen.

So, Truppe Nr. 1 sind Sie, das wissen wir bereits. Sie sind der General, die Armee, die Spezialeinheiten und die Geheimpolizei, Sie sind alles in einer Person. Sie sind die Spezialeinheit der Marine, die in der Dunkelheit der Nacht in das Gelände des Feindes kriecht. Sie sind ein Kamikaze, der in einem Feuerball auf den Kerl im 14. Stock hernieder saust, wenn dieser gerade ihre Tagesordnung über den Haufen wirft, und ihn hinauswirft. Sie sind General Patton[13] mit seiner Reitgerte, Larry Ellison[14] mit seinen Segelbooten, Hannibal, der mit seinen Elefanten die Alpen überschreitet oder Diller[15], der mit seinem Mobiltelefon durch die Straßen von Manhattan geht. Sie sind alles in einer Person und Sie müssen sich mit allem ausstatten, was eine gute Armee braucht, um zu funktionieren und weiterzumachen, bis alles vorüber und Beutemachen angesagt ist.

Während Sie daran gehen kleine Schlachten zu führen und die richtige Atmosphäre für einen die Karriere fördernden Krieg schaffen, müssen Sie Ihre Armee gut behandeln, genauso wie es unser lieber Sun Tzu gesagt hat.

Sie kommen zuerst. Sie kommen an zweiter Stelle. Der Rest Ihrer Armee, sofern es die überhaupt gibt, kommt an dritter Stelle. Oder eventuell an vierter, auf jeden Fall aber nach Ihnen.

Nahrung

Sie: Passen Sie gut auf sich auf. Eine kalorienarme Diät ist jetzt genau richtig, und sie wirkt am besten, wenn Sie rotes Fleisch bei jeder Mahlzeit (falls jemand Speck für rotes Fleisch halten sollte, ich zumindest tue es) zu sich nehmen. Das macht Sie kriegslüstern, vor allem dann, wenn Sie einen Teller guter Pasta haben möchten, aber nicht bekommen können. Noch wichtiger ist jedoch, keine Mahlzeit auszulassen. Das wäre ganz schlecht. Und benutzen Sie alle Mahlzeiten dazu, loyale Anhänger zu mustern, außer vielleicht beim Frühstück, das oftmals zu einer Tageszeit stattfindet, zu der man noch nicht in der Lage ist zu sprechen.

Ihre Armee: Auf jeden Fall sollte sie essen, zumindest solange sie zur Verfügung steht und das tut, was Sie wollen. Disziplin ist das Zauberwort für jede Organisation.

Sie und Ihre Armee: Wenn Sie gerade einen aufkommenden Konflikt austragen oder planen und weder Pizza noch Sandwiches haben, sollten Sie nicht zu viel trinken, das würde Sie zu weich stimmen.

Das Verlangen nach einem Drink, den Sie nicht bekommen können, versetzt Sie in Kampfstimmung.

Waffen

Sie: Gütiger Himmel! Sie haben so viele. Ihr Witz, Ihr gutes Aussehen! Und noch wichtiger Ihr Spesenkonto, das für die Einbeziehung neuer Truppen in der Gesamtplanung am nützlichsten ist.

Ihre Armee: Klar, deren Spesenkonto ist allein ihre Sache – es sei denn, die Ausgaben gingen zulasten Ihres Budgets. Auf die sollten Sie ein Auge haben!

Sie und Ihre Armee: Alles ist eine Waffe. PowerPoint-Präsentationen, die in den letzten Jahrzehnten überstrapaziert wurden – nur um die Illusion zu schaffen, dass etwas besonders Wichtiges am Laufen war, sind jetzt nur noch in einem vorgegebenen Zusammenhang wirklich nützlich. Das bedeutet, dass durch eine Patina aus Logik, dargestellt durch Grafiken, eine aggressive Handlung bestens verschleiert werden kann.

Verabscheuungswürdige Tatsachen, die unter dem Deckmantel einer strategischen Idee dank einer PowerPoint-Präsentation annehmbar gemacht werden

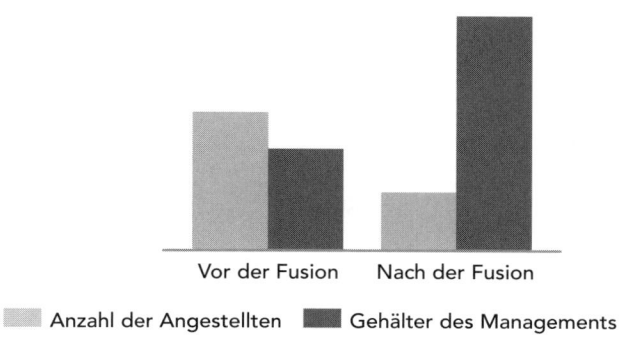

	Vor der Fusion	Nach der Fusion
▬ Anzahl der Angestellten		
▬ Gehälter des Managements		

Es stehen Ihnen natürlich noch viele andere Waffen zur Verfügung. Über diese werden wir später noch sprechen. Aber die wirkungsvollste Waffe ist nach wie vor, andere Personen dazu zu bringen, dass sie sich dem Willen ihrer Vorgesetzten beugen. Organisationen, die solches Personal hervorbringen, haben immer die Nase vorn.

Geld

Sun Tzu sagt, dass Geld während der Ruhephasen am wichtigsten ist. Das mag im alten China durchaus zutreffend gewesen sein, wo Orte, an denen man Geld ausgeben konnte, mindestens 500 bis 2.000 Meilen entfernt waren. Heute ist Geld die Wurzel jeden Erfolgs. Es muss zu jeder Zeit für jeden eine Menge Geld vorhanden sein, oder zumindest das, was jedes Mitglied Ihrer sogenannten Armee als Menge bezeichnet.

Wer in Ihrer Armee ganz unten dient, denkt wahrscheinlich, dass 100.000 Dollar eine Menge Geld sind. Die vom mittleren Rang betrachten 300.000 Dollar als eine Art Grenzwert. Alle anderen sind in Stufen einzuteilen, aber jeder von ihnen denkt mit Sicherheit, dass er mindestens eine Million im Jahr wert ist. Auf dem Gipfel der Verrücktheit sind die wahren Generäle, die „eine Menge" nur noch als „mehr als Eisner[16] oder Welch[17]" bezeichnen, ohne Zahlen zu nennen. Da jeder sofort auf die Sprosse über sich schielt, sollte dies beim Beuteversprechen, zumindest auf lange Sicht, auch berücksichtigt werden.

Sie: Wonach Sie suchen, ist eine Geldkurve in der Form eines Hockeyschlägers, angelegt auf drei bis fünf Jahre. Das sieht dann folgendermaßen aus:

Der „Glückshockeyschläger"

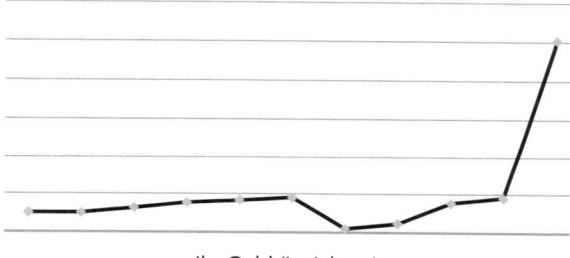

Ihr Geld (in Jahren)

Während der dunkelsten Kriegstage geht die Kurve für ein paar Jahre ein wenig nach unten.

Ihre Armee ... : sie will, was Sie wollen. Für sich selbst natürlich und für Sie, genau in dieser Reihenfolge.

> *Einige Männer wollen vielleicht Geschenke für ihre Lieben kaufen. Einige ziehen das Glücksspiel vor. Andere wollen sich Bücher, Tand oder Süßigkeiten kaufen. Der Kriegsherr sollte sich nicht darum scheren, wofür seine Männer ihr Geld ausgeben, solange dies nicht mit dem Befehl in Konflikt gerät.*
> **Sun Tzu**

Er hatte wie immer seine weiße Seidenunterwäsche an der Fahnenstange aufgehängt. Warum sollte man nicht über alles die Kontrolle haben? Besonders dann, wenn es das Glücksspiel betrifft. Wenn Sie nicht gerade ein Buchmacher sind, haben Sie sicher kein Interesse daran, dass Ihre Jungs mit dem Bonus nach Las Vegas abhauen und dann abgebrannt zurückkommen.

Sie und Ihre Armee: Sie kämpfen alle für das gleiche kühne Ziel: Sie selbst. Das macht das Geschäft aus, nicht Religion oder Regierung, außer Sie gehören einem diesen beiden Vereine an.

Sieg! und damit – Reichtum!

Das ist das Versprechen, mit dem Sie diejenigen bei der Stange halten, die mit Ihnen diesen Krieg führen, ganz gleich ob Reichtum einen neuen Kunden bedeutet, eine Zweigniederlassung oder schlicht und einfach einen neuen Teppichboden für das Büro. Das ist manchmal leichter anzubringen, als neue Büromöbel zu bekommen. Ich überlasse es Ihnen zu entscheiden, was für Ihre Zukunft wichtiger ist. Wenn jeder bei Time Warner eine neue Einrichtung bekommen und vergessen hätte, dass eine Fusion mit AOL bevorstand, hätte sich jeder Betroffene viel besser gefühlt.

---

[14] Larry Ellison, Gründer von Oracle. Es wird erzählt, dass er bei Segelrennen mit einem Kampfjet über den Nachzüglern kreiste, um sie noch mehr zu demütigen.

[15] Barry Diller, Medienmogul

[16] Michael Eisner, ehemaliger CEO von Walt Disney

[17] Jack Welch, ehemaliger CEO von General Electric

Sie müssen Herz zeigen

*Damit sie den Feind töten können,
musst du deine Männer zur Raserei bringen.*
Sun Tzu

*Kriege mögen zwar mit Waffen geführt werden,
aber gewonnen werden sie von Männern.*
George S. Patton

Napoleon sagte, dass eine Armee mit dem Bauch kämpfe, aber das sagte er, weil er ein Franzose war. Andere Nationen marschieren mit anderen Körperteilen. Stellen Sie sich einen General zur Zeit Sun Tzus vor, der seine Jungs mit einer Tonne Nudeln füttern würde, um dann festzustellen, dass sie nach einer Stunde schon wieder hungrig sind.

Die moderne Businessarmee hat gegen Lunch sicher nichts einzuwenden, aber sie verlangt mehr als nur leibliche Genüsse – nämlich Herz. Ganz gleich, ob Ihre Schwadron gewaltig ist oder nur aus Ihnen und einem allgemein zornigen Assistenten besteht, Sie müssen daran glauben, dass es um eine Sache geht, die wichtiger ist als Sie. Wenn Sie wollen, dass Ihre Leute ihr Leben für Sie opfern, müssen Sie als Krieger/Manager glaubhaft versichern können, dass sie Ihnen am Herzen liegen.

Sehen wir uns zunächst einmal einige bekannte Organisationen und deren allgemeine Ziele an, die es in der Vergangenheit gab oder noch heute gibt. Diese Organisationen hatten ihr Ziel auf ihre Fahnen geschrieben, unter dem sie eine Armee versammelten. Diese Armee musste der Fahne nachlatschen, oder sogar marschieren, kurzum, der Fahne und dem Ziel folgen.

Organisation	Ziel
Antikes Rom	Weltherrschaft/ Vernichtung der Barbaren
Microsoft	Weltherrschaft/Vernichtung von Linux
General Electric	Erniedrigung von Freunden in offenen Konferenzen, Geld scheffeln
Disney	Schutz des Vorsitzenden
Spanische Inquisition	Auslöschen der Ungläubigen
Kreuzfahrer	Auslöschen der Ungläubigen
Al Kaida	Auslöschen der Ungläubigen
Mel Gibson	Auslöschen der Ungläubigen
George Washington	Einrichten der Union
Abraham Lincoln	Verteidigung der Union
Sam Walton	Vernichtung der Gewerkschaften
Dalai Lama/Richard Gere	Befreiung Tibets
Meine Mutter	Befreiung von Martha Stewart
Durchschnittliches amerikanisches Unternehmen	Umsatz machen, Vorstandsbonus sicherstellen

Das sind alles sicher sehr lobenswerte Ziele, aber sie sind zu hoch gesteckt. In Ihrer Welt ist es angebracht über Bestrebungen nachzudenken, die etwas konzentrierter sind und dazu dienen, die Leute zu motivieren. Diese Überlegung schließt Folgendes ein:

1. Von niemandem angeschrien zu werden
2. Eine wirklich gute Silvesterparty am Ende des Jahres zu haben
3. Die Einkommensgrenze des letzten Jahres zu überschreiten, damit wir von niemandem mehr angeschrien werden können und uns eine richtig gute Party am Jahresende leisten können
4. Übernehmen Sie noch ein paar Büros mehr, damit wir uns besser ausbreiten können
5. Beleidigen Sie das Finanzamt, damit es uns bei der Haushaltsplanung in Ruhe lässt
6. Seien Sie besser als die gleiche Abteilung in der Filiale drüben in der Stadt, damit uns der Vorstand lieber mag und uns einen besseren Bonus gibt
7. Organisieren Sie Spielzeug für die Kinder zu Weihnachten. Das können wir dann bei einer richtig guten Party verschenken, einer Party mit Würstchen in Blätterteig und allem, was dazu gehört
8. Schaffen Sie es in der Umfrage bezüglich Kundenzufriedenheit auf Platz 1. Dann stehen wir wirklich gut da und können eine richtig gute Silvesterparty feiern. Niemand kann uns mehr anschreien und wir bekommen Namenstafeln an unsere Büros.

Wenn derartige Ziele allen Personen, die sich in einem Arbeitsverhältnis befinden, richtig übermittelt werden können, sind diese in der Lage untereinander eine eigene Armee aufzubauen, zunächst notdürftig, dann fester und solider. Schließlich sind sie daran gewöhnt für dieselbe Sache zu kämpfen.

Aber ein Ziel reicht nicht aus. Die Einheit, gleich welcher Größe, muss sich bewusst werden, dass der Anführer, ganz gleich welche Bedeutung er hat, für die Gruppe nur die besten Absichten hegt – und zwar kollektiv und individuell – und dass er dieses Anliegen immer in seinem/ihrem Herzen trägt, ganz gleich wie groß das Herz sein mag.

Überraschenderweise scheint die Vermittlung von Gemütlichkeit bei vielen angeblichen Generälen von großer Bedeutung zu sein. Die so genannte Gemütlichkeit verhilft den unsensiblen, narzisstischen, selbstherrlichen, kalten, rigiden, militärischen oder Managerpersönlichkeiten dazu die Illusion von Empathie, Mitgefühl und Wärme zu vermitteln, die dazu nötig ist bei den Truppen Loyalität und Kampfeswillen zu erzeugen.

> Lernen Sie Namen von Personen und sagen Sie zu jedem Hallo, selbst wenn Sie es nicht müssten. Die Art, wie man jemanden grüßt, ist wichtig, zum Beispiel „Hi, Chuck!", wenn jemand Chuck heißt oder „mach weiter so, Larry!", wenn die betreffende Person Larry heißt. Wenn die Person weder Chuck noch Larry heißt, kann man eben den jeweiligen Namen der betreffenden Person einfügen, sofern man sich noch an den Namen erinnern kann. Wenn nicht, dann genügt ein „Hey, alter Bursche!", was ausreicht um eine wohlwollende Absicht zu zeigen oder man sagt einfach nur „na du" mit einem wissenden Lächeln, wobei man mit dem Zeigefinger und Daumen auf denjenigen „schießt". Alle diese Strategien dienen dazu, die Botschaft zu übermitteln, dass Sie sich die Mühe machen jeden Einzelnen zu grüßen. So etwas fällt vielen Leuten schwer.

> Lassen Sie Ihre Türe offen, damit jeder in Ihr Büro kommen kann. Sie können auch Leute auffordern einzutreten, sich zu setzen und ein wenig über sich selbst zu plaudern. Das könnte bei manchen Probleme verursachen, die an einem ausgeprägten Aufmerksamkeits-Defizitsyndrom leiden. Das heißt nichts anderes, als dass sie weniger als

30 Sekunden zuhören können, weil sie nur mit ihren eigenen Gedanken und Bedürfnissen beschäftigt sind. Diese tief greifenden Beschwerden sind für den Betroffenen, der unter einer solchen Persönlichkeitsstörung leidet, völlig schmerzfrei und harmlos, nicht aber für diejenigen, die damit konfrontiert werden. Sie können dieser Behinderung entgegenwirken, indem Sie Blickkontakt mit Ihrem Gegenüber halten und diesem versichern, dass Sie alles in Ihrer Macht Stehende tun werden, oder sich seinem Anliegen sofort annehmen werden. Sollten Sie dazu nicht in der Lage sein, dann beteuern Sie, dass Sie „Himmel und Hölle in Bewegung setzen werden". Denken Sie daran, dass ein unaufrichtiger Versuch einfühlsam zu sein immer noch besser ist als gar keiner.

› Sie können natürlich auch herausfinden, was andere über bestimmte Dinge denken. Gut, das interessiert Sie nicht besonders, aber das würde doch den Anschein erwecken, dass Sie an anderen Anteil nehmen. Vor einigen Jahren arbeitete ich für einen höheren leitenden Angestellten, der beschlossen hatte, dass eine größere Anschaffung für uns (d. h. für ihn), nötig sei, um weiter in unserem Kerngeschäft stark zu sein. Er verlangte Unmengen an Ratschläge von seiner gesamten Truppe und er hörte uns aufmerksam und beständig zu. Keiner von uns war von dem Projekt überzeugt und wollte es in die Tat umgesetzt haben. Er aber erzählte uns wie besessen von seinen Plänen. Am Ende machte er, was er sich vorgenommen hatte, und wir alle folgten ihm willig in die Schlacht. Unmittelbar darauf war seine Karriere beendet und wir alle rannten in die Berge, nackt und zitternd in der Hoffnung, dass der Sturm bald vorüber sei. Wir liebten ihn trotz allem immer noch und wir waren glücklich ihm zu dienen. Warum auch nicht? Er war doch so ein guter Zuhörer!

› Fangen Sie an ihre künftige Armee einzuschwören. Bringen Sie ihnen bei, das zu tun, was getan werden muss – das heißt den Feind zu finden und zu zerstören, oder was Sie sonst noch im Schilde führen. Sie werden weder Loyalität noch Entschlossenheit oder sonst was bekommen, wenn Sie die Leute nicht darum bitten.

› Wiederholen Sie das militärische Programm so lange, bis es jeder auswendig herunterbeten kann. Jeder Anhänger der Moon[18]-Sekte wird Ihnen sagen, dass Wiederholungen das Kernstück der Gehirnwäsche bilden. Also bleiben Sie bei Ihren Aussagen und geben Sie nicht auf. Gehen Sie sicher, dass jeder mürbe wird und lassen Sie die Leute zu den ungewöhnlichsten Zeiten arbeiten. Sitzen Sie mit ihnen spät abends zusammen. Dabei erfahren Sie, was sie gerne essen und trinken und worüber sie reden, was sie lustig finden und was sie ärgert. Die besten Gelegenheiten für diesen wichtigen Vorgang sind Konferenzen, Lagerfeuer, der Gang in eine Bar nach der Arbeit, Golflehrgänge, Ressorts am Strand und ähnliches. Die wichtigste Einstellung ist, die Truppe nie zu lange alleine lassen. Wenn sie sich selbst überlassen ist, fängt sie vielleicht wieder an selbständig zu denken. Und denken ist Ihre Aufgabe.

› Seien Sie ein Anführer. Kriege florieren nur nach klaren Anweisungen. Kein Krieg kann ohne klare Befehle zum Erfolg gebracht werden. Wenn die Leute nicht wissen, wer eigentlich den Ton angibt, denken sie vielleicht sogar, dass sie wüssten, wie man auf sich selbst aufpasst. Das ist ein ganz aufrührerischer Gedanke, der jeden Krieg, den Sie führen wollen, aus der Bahn wirft.

Vermitteln Sie Ihrer Truppe eine Vision von Ruhm. Diesen Begriff müssen alle teilen können, wie Reich, Eroberung, Überleben, Reichtum, Marktbeherrschung, Tod den Untreuen. Halten Sie ihnen ein Zuckerbrot vor die Nase, damit alle in die gleiche Richtung laufen.

Kurzum, wenn Sie ein erfolgreicher General sein wollen, müssen Sie lernen, sich andere Personen zu merken, selbst wenn das für Sie genauso schwierig ist, als wollten Sie Chinesisch lernen. Denken Sie daran, dass es auch deren Krieg ist, wenn Sie sich dazu entschlossen haben einen zu führen.

---

[18] gegründet von Sun Myung Moon.

Lassen Sie
die Band aufspielen

*Gongs und Trommeln, Banner und Fahnen
sind Mittel um Augen und Ohren der Truppen
aufmerksam zu machen.*
Sun Tzu

*Wie viele Männer meiner Generation hatte
ich die Gelegenheit, dem Krieg eine Chance zu
geben, und prompt habe ich gekniffen.*
P.J. O'Rourke

Möglicherweise verfügen Sie, je nach Ihrem eigenen Einsatz, vielleicht schon über eine Armee. Jetzt heißt es aufpassen, dass Sie diesen Leuten nicht die geringste Chance geben, nachzudenken. Wer auf seine angeborene Intelligenz vertraut, wird sehr bald schon Ihrem Krieg den Rücken kehren. Schließlich ist es Ihr Krieg und nicht deren. Wie die meisten Menschen wird Ihre vermeintliche Armee das tun, was das Natürlichste von der Welt ist: in Frieden leben.

Jetzt ist Ihre Überzeugungskraft und Überredungskunst gefragt. Sie haben schon eine Menge aus den vorherigen Kapiteln gelernt, hoffe ich. Es kommt nun darauf an, das Gelernte anderen einzubläuen und ihnen die Wichtigkeit des Krieges zu vermitteln, dann macht das Ganze auch mehr Spaß. Was Sie jetzt brauchen sind Symbole, angefüllt mit der Aura von Würde und Bedeutung. Kriege können über einen langen Zeitraum nur dann ausgehalten werden, wenn man sich hinter einem entsprechenden Symbol verschanzen kann.

Diese Symbole umfassen:

> **Ein Banner oder ein Slogan:** In den meisten Fällen bedeutet das ein Logo, das jedem zu Herzen geht. Es kann aber auch ein Ausspruch sein, mit dem sich die Armee identifizieren kann. Am besten sind geheime Zeichen und Banner, die Außenstehenden nichts sagen. Das macht die Sache noch wirkungsvoller. Als ich ein junger Bursche war, hatte meine Firma jedes Jahr einen neuen Slogan wie ein Nichtssagendes „Sie machen den Unterschied", „Zusammen werden wir gewinnen" und „Wir machen das Beste". Am Anfang war es uns peinlich, aber am Ende marschierten wir mit glasigen Augen und voller Stolz dahin. Der menschliche Geist ist formbar, und was wir tun, sobald Liebe im Spiel ist, kann allerhöchst gefährlich sein.

> **Ein Lied:** Nicht jeder hat eines, aber ungefähr fünfzehn Jahre später erinnerte ich mich des folgenden Reimes. Das Lied ging so: „Wir sind die Besten. Wir bestehen jeden Test. Wir setzen unsere Ziele. Wir haben alles im Griff. Wir sind die Besten." Das Ganze wurde nach der Melodie der Pointer Sisters „I am so excited" gesungen. Toll was?

> **Eine Uniform:** Aus diesem Grund sind beim Militär alle gleich gekleidet. In gewisser Weise ist man das, was man anzieht. Die Typen von UPS tragen alle braune Kleidung mit Hosen. Das macht nichts. Uniformen heißen so, weil sie eine gewisse einheitliche Gesinnung schaffen, die erforderlich ist, wenn man erwartet, dass alle einheitlich wie ein Mann den Befehlen folgen.

> **Belohnung für Erfolge:** Das muss nichts Großartiges sein. Vor einigen Jahren ließ unsere Firma Anstecknadeln anfertigen, die an Personen verteilt wurden, welche den Begriff Qualität verinnerlicht hatten. Die Nadel war ein Q aus Zinn. Die Leute brachten sich fast um, nur um eine dieser Nadeln zu bekommen. General Electrics hat ein albernes Six-Sigma-Programm entwickelt, damit sich das Personal als etwas Besonderes fühlt, was die Qualität anbelangt. Andere Firmen schicken ihre Leute auf Vergnügungsreisen, wenn sie gut sind oder bieten ihnen durchsichtige Grabsteine zur Erinnerung an gewonnene Schlachten bei Fusionstransaktionen an. Armeen sind natürlich Experten, was das angeht, sie verteilen kleine Blechstücke an einem Band und hängen sie an die Brust und Schultern der Männer und Frauen, die gekämpft haben. Diese Abzeichen stehen für das Fleisch und Blut, das für Leben und Tod gegeben wird. Der Anlass dafür spielt keine Rolle. Es geht den Leuten nur darum so ein Stück Blech zu bekommen und dafür geben sie einfach alles, bis hin zum eigenen Untergang.

> **Partys:** Sie bieten Spaß und Entspannung. Ist genug Alkohol vorhanden, bietet sich die beste Gelegenheit für gegenseitige Erniedrigungen und eine Offenbarung des eigentlichen Selbst. Schmeißen Sie viele Partys. Sie dienen dazu eine Art Kameradschaft aufzubauen und gaukeln den Leuten vor, dass die Organisation sie mehr als Individuen behandelt als das in Wirklichkeit der Fall ist.

> **Feuerpausen:** Sie können die Leute nicht jeden Tag kämpfen lassen. In der oberen Etage können Sie die Leute dazu ermuntern am Freitag ein wenig lässiger zu sein. Sie können ihnen beispielsweise erlauben, die Maschinen ein wenig früher herunterzuschrauben als sonst üblich. Auch lange Mittagspausen für gute Krieger sind durch-

aus für ein gutes Kampfteam akzeptabel. Seien Sie nicht zu pingelig, was die Arbeitsstunden ihrer Mitstreiter betrifft, die bereit sind sich ständig für Ihre Zwecke aufzuopfern.
Das wäre ungehobelt.

TEIL DREI

DAS TAO DES SCHMERZES

Tod ist Tod.
Sun Tzu

Halt, Sie bringen mich um.
Anonym

Ein kurzes, aber wichtiges Kapitel

Es gibt fünf Arten mit Feuer anzugreifen.
Die erste ist, die Soldaten in ihrem Lager
niederzubrennen; die zweite ist, die Vorräte
niederzubrennen; die dritte ist, ihre Gepäckzüge
niederzubrennen; die vierte ist, ihre Arsenale und
Magazine zu verbrennen; die fünfte ist, Feuer
mitten in die feindlichen Linien zu schleudern.
Sun Tzu

Am wichtigsten ist es, stark zu sein.
Mit Stärke kann man andere erobern,
und andere zu erobern verleiht einem Wert.
Mao Tse-tung

Sie wundern sich bestimmt über den Schlachtplan, der vorsieht Leute zu verbrennen. Zumindest ist dieser Plan eine wichtige strategische Überlegung. Das heißt, der große Jammerlappen Sun Tzu hatte recht.

Lassen Sie mich das erklären:

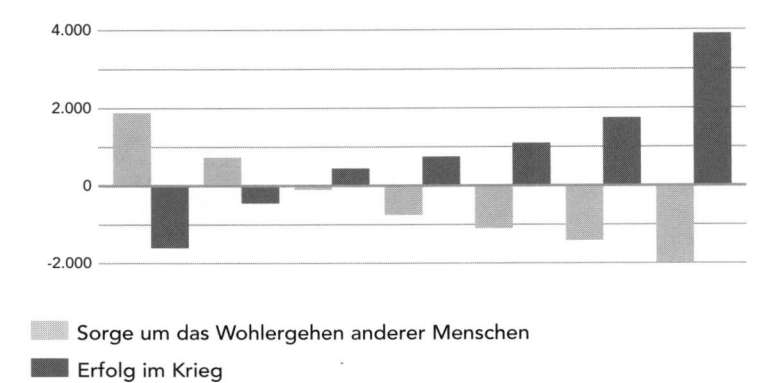

■ Sorge um das Wohlergehen anderer Menschen
■ Erfolg im Krieg

Wenn Sie damit ein Problem haben, sollten Sie ein anderes Buch lesen.

Unsinn des Weicheis Sun Tzu: Sieg ohne Schlacht ist das Beste

Verpasst ihnen den kalten Stahl, Jungs!
Lewis Addison Armistead
Bürgerkrieg 1863

Nur ein Wort zu diesem Sun Tzu Konzept, das seinem rührseligen Herzen entsprungen ist.

Er hatte die Vorstellung, dass die höchste Form militärischen Erfolges ein Sieg sei, ohne dass der Befehlshaber auch nur einen Schuss abgeben ließ. Wichtige Punkte hierbei sind, dass man einen Köder auslegt, sich selbst in die beste Stellung bringt und am nächsten Morgen aufwacht und feststellt, dass man das ganze Schlachtfeld beherrscht, weil der andere (a) abgehauen ist, (b) hinfiel und sich selbst verletzt hat oder (c) es einen anderen Grund gab.

Ich vermute mal, dass so etwas durchaus vorkommen kann. Und es ist keine schlechte Idee sicherzustellen, dass man selbst so wenig Zeit wie nur möglich mit Kämpfen verbringt. Es ist zweifellos von Vorteil möglichst wenige Ressourcen zu verbrauchen, um zu bekommen, was man will. Bis zu diesem Punkt ist das ganze Sun-Tzu-Gelaber durchaus brauchbar.

Aber dieses ganze Herumgetänzel ist letztendlich eine große Lüge und die schlechteste Art irgendeinen Feldzug zu beginnen. Sie müssen wissen, dass dies ein Krieg ist, und dass Krieg Menschen tötet, dass diejenigen, die nicht getötet werden, zumindest für eine Weile leiden müssen. Selbst wenn Sie denken, dass Sie die ganze Sache schnell über die Bühne bringen werden, können Sie es wahrscheinlich doch nicht.

Ich empfehle Ihnen, dem ehrgeizigen Krieger, sich das Bild von George W. Bush vorzustellen. Bush, von Kopf bis Fuß in einen Kampfanzug gekleidet, strahlt auf Deck eines Flugzeugträgers einige Wochen nachdem die US-Truppen sich im Irak festgesetzt hatten. Höchste Ausgelassenheit herrschte vor. Der Krieg war vorüber. Mit einer verhältnismäßig kleinen, gezielt operierenden Einheit hatten wir moralisch Oberwasser gewonnen und waren als Sieger hervorgegangen!

Public Relation ist wichtig im Krieg, aber Krieg ist nicht Public Relation. Wer den Unterschied nicht kennt, stirbt entweder oder landet bei einer PR-Agentur.

Es gibt alle möglichen Arten von Schlachten. Eine Schlacht macht noch keinen gewonnenen Krieg.

Die Tugenden, die für einen Sieg nötig sind, unterscheiden sich deutlich von denen, die Sun Tzu im Sinn hatte und die seine Anhänger aus dem Tao-Gewerbe beherzigten.

Sun-Tzu-Tugenden	**Echte Tugenden**
Weisheit	Aggression
Bescheidenheit	Hartnäckigkeit
Strategische Visionen	Ein Gedächtnis wie ein Elefant, was persönliche Beleidigungen angeht
Gute Nachschublinien	Die Fähigkeit, den Groll aufrechtzuerhalten
Kenntnis des Tao	Kenntnis von Mao
Demut und Anmut	Eine laute Stimme

Großartiges Kommando der räumlichen Beziehungen, mit dem Gefühl für das richtige Vorgehen zum größten Vorteil aller	Die Überzeugung, dass Sie immer recht haben, und das teuflische Verlangen, alle aus dem Weg zu räumen, die sich Ihnen entgegenstellen, wenn möglich in aller Öffentlichkeit
Ein gesunder Respekt für den Gegner	Größenwahn
Ein würdevolles Kommando über andere	Die Fähigkeit Furcht einzuflößen
Geheimnisvolle Kommunikation mit jeder Menge poetischer Metaphern, die intelligente Jammerlappen aller Couleur anziehen	Unverblümtheit bis hin zur Taktlosigkeit

So werden Sie dem anderen Schmerz zufügen. Er wird „Aua" schreien. Das ist alles an Tugend, was Sie brauchen, bis der Krieg vorüber ist. Und das kann eine ganze Weile andauern. Verstanden? Nun machen wir weiter, Sie haben noch viel Arbeit vor sich.

Schlacht ohne Sieg
Der Weg des Kriegers

*Wenn Sie einen Mann töten müssen, vergeben
Sie sich nichts, wenn Sie dabei höflich sind.*
Winston Churchill

Die Wahrheit ist, entgegen was uns durch Sun Tzu mitunter gelehrt wird, dass ein Businesskrieg seiner Natur nach undefiniert ist. Er ist eher mit lokaler Politik zu vergleichen als mit einem Kampf von Mann zu Mann. Ich kann mich nicht daran erinnern, dass in der letzten Zeit irgendjemand eins direkt auf die Nase bekommen hat.

Der durchschnittliche Krieg kann mehrere Monate oder sogar Jahre andauern. Man muss in der wirklichen Welt lernen anderen zwar einen intensiven Schmerz zuzufügen, gleichzeitig jedoch ohne Zwischenfall mit ihnen mehrmals am Tag im Aufzug auf und abfahren können.

Nachfolgend ist ein Diagramm abgebildet, das den Unterschied zwischen einem echten bewaffneten Konflikt aufzeigt und dem, was Sie täglich im Geschäftsleben antreffen.

Kurvenverlauf von Konflikten

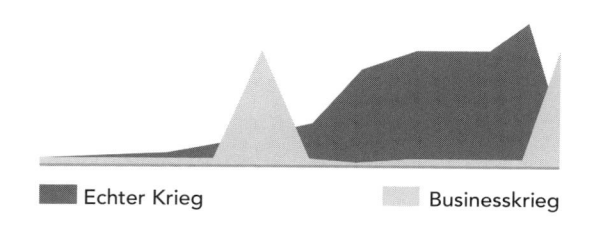

Wie Sie sehen können, beginnt der konventionelle Krieg (dunkle Zone) mit einem Konflikt auf dem unteren Niveau, vielleicht einem oder zwei Meuchelmorden, eskaliert dann in einem Flächenbrand, der sich vielleicht selbst über einen gewissen Zeitraum aufrechterhält. Sobald eine Seite siegt, fällt die Konfliktkurve steil ab.

Im Businesskrieg (helle Zone) sind die Dinge anders gelagert. Man muss darauf vorbereitet sein, dass ein Konflikt auf einer niedrigen Ebene über einen längeren wahrscheinlich unbegrenzten Zeitraum stattfindet. Gelegentlich nimmt dieses nervige, verdrießliche Schlachtgetöse tödliche Formen an, um danach in ein gefährliches, aber nicht giftiges „Business wie gehabt" abzusinken. Der Krieg geht immer weiter. Und es bleibt Ihnen nichts anderes übrig als weiterzumachen, weil Sie ihn nicht aufhalten können, außer Sie kämpfen, bis der Krieg oder Sie erledigt sind.

Schauen Sie sich die Dauer der Feldzüge an, die einige große Krieger der Vergangenheit und Gegenwart führten:

Moses befreit sein Volk	80 Jahre
der Hundertjährige Krieg	100+ Jahre
George Washington	40 Jahre
Abraham Lincoln	5 Jahre (endete mit seinem Tod)
Ho Chi Minh	50 Jahre
Nelson Mandela	30 Jahre (die Ehe nicht mitgerechnet)
Nolan Ryan[19]	32 Jahre
Lew Wasserstein[20]	65 Jahre

Geduld ist keine Tugend im Businesskrieg, sondern eine Notwendigkeit.

Seien Sie misstrauisch, wenn Ihnen jemand rät, Sie sollten Ihre Auseinandersetzungen so führen, als ob Sie eine Haubitze über der Schulter und eine Granate an Ihrem Gürtel trügen. Sie haben keine. Und möglicherweise müssen Sie Ihre ganze Karriere über in einer Art Kriegszustand leben, vor allem dann, wenn Sie in einer Firma arbeiten, die für Akquisitionen, Neuorganisation und McKinsey-Berater anfällig ist, denn diese Berater verdienen ihren Lebensunterhalt dadurch, dass sie für einen ständigen Tumult in einer Firma sorgen.

---

[19] Baseballspieler

[20] Technischer Leiter von MiTek

Aggression: Akzeptieren Sie keine Stellvertreter

Der General hört mir zu.
Nutze ihn, denn er wird bestimmt gewinnen.
Ein General, der nicht zuhört?
Du magst ihn einsetzen, aber er wird sicherlich
ein Verlierer sein.
Halte ihn fern.
Sun Tzu

Pazifismus ist für uns verhängnisvoll.
Unser Ziel ist es, den Feind passiv zu machen.
Mao Tse-tung

Er war ein ziemlich arroganter Bursche dieser Sun Tzu. Er war nicht viel anders als Mao. Darum war jeder von ihnen in seiner Art der Kriegführung ziemlich gut, zumindest zu ihrer Zeit, und das, obwohl sich ihr Stil deutlich voneinander unterschied.

Es gibt nicht nur einen Weg, der zum Sieg führt. Wenn man das weiß, kann nichts schief gehen. Eine Bestandsaufnahme Ihrer Situation mag recht und gut sein, aber bevor wir fortfahren, wollen wir die eine Antwort auf die echte Kunst des Krieges wiederholen, ungeachtet dessen, was Sun Tzu lehrte.

Es ist alles, was Sie brauchen, und wenn Sie es besitzen, haben Sie schon alles. Wir haben es bereits zuvor erwähnt. Nein, keine Kreditkarte, obwohl Sie – weiß Gott! – eine brauchen. Es ist auch nicht Liebe, entschuldige, John Lennon!

Es ist Aggression. Rohe, unmoralische, nackte Aggression und der übermenschliche Wille zu jeder Zeit gewinnen zu wollen, immer und ständig der Sieger zu sein. Sobald Sie diese Eigenschaften besitzen, können Sie weitere hinzufügen, die Ihnen nicht nur im Krieg helfen werden, sondern einen Krieg entfachen können.

Los, geben Sie es zu. Sie wollen es doch, oder? Sie sind doch ein Krieger, oder etwa nicht? Und als solcher verfügen Sie über bestimmte Eigenschaften, die bei anderen als Makel gelten würden, für Sie aber Vorteile sind:

> Sie sind mit Ihrem Anteil niemals zufrieden.
> Sie sind von Gier, Verlangen, Feindseligkeit und Lust durchdrungen, mit dem Willen zur Macht, mit ungebremstem Zorn.
> Sie leiden unter der wahnsinnigen Hingabe an Ihren Weg, die Leidenschaft, Dinge so zu gestalten, wie Sie sie wollen.

Ich kenne diesen leitenden Angestellten, sein Name soll hier nicht erwähnt werden. Sein ganzes Leben lang hat er kaum etwas anderes gemacht als gekämpft und Sex gehabt. Er ist nicht immer angenehm. Manchmal ist er genau das Gegenteil. Nun gut, ich will ehrlich sein. Er ist nie angenehm. Aber für ihn heißt es jeden Tag gewinnen, und mit Gewinnen meine ich zwei Dinge:

1. Mehr zu holen
2. Den anderen zu schlagen, möglichst in aller Öffentlichkeit.

Nicht besonders schön, oder? Aber das ist der Motor, der ihn weitertreibt, und dank der großen psychologischen Behinderung, unter der alle leitenden Angestellten leiden – ich meine damit die Unfähigkeit etwas anderes als man selbst zu sein und das die ganze Zeit über – ließ ihn den größten Teil der Welt erobern und er will immer noch mehr.

Das alles begann mit Aggression. Richtig, im Augenblick drücke ich meine Aggression gegenüber Sun Tzu aus, und greife diesen als einen aufgeblasenen hohlköpfigen Dummkopf an. Ich puste diese passive östliche Gelassenheit mit roher purer westlicher Muskelkraft einfach weg. Und warum wohl? Weil ich nun einmal so bin!

Ich muss das nicht studieren oder üben, ich bin mit dieser Eigenschaft auf die Welt gekommen. Und Sie sind genauso, weil Sie keine zimperliche Memme sind, die mit irgend so einem albernen Vorhang bekleidet ist. Sie sind ein _____

(tragen Sie Ihre Nationalität ein, selbst wenn Sie Chinese sein sollten).

Das ist einfach der gute altmodische Stil, den ich vertrete, Schneid, Wille. Jeder emporkommende Kapitalist zwischen Beijing und Barstow[21] wünscht sich, er hätte diese Eigenschaften auch. Eine Menge von ihnen hat sie bereits. Denken Sie etwa, dass Mao auf Zehenspitzen wie ein meditierender Mönch herumtrippelte, als er seine Feinde zerschlug und seine Freunde förderte? Nun, er mag keine Freunde per se gehabt haben, aber es gab bestimmt ein paar Personen, die denken sollten, sie wären seine Freunde.

Nein, Mao, der glaubte, dass eine Revolution aus einem Pulverfass heraus entsteht, prügelte die weiche Seite eines jeden, der seinen Pfad betrat, gründlich aus ihm heraus. Außer natürlich, als er selbst davonlaufen musste, das heißt, als ihn Chiang Kai-shek in den 1930-ern dazu zwang. Selbst das tat er mit erhabener Miene und marschierte mit seiner Armee durch ganz China. Seine Leute lebten dafür am nächsten Tag für ihn zu sterben.

Nun, Sie müssen nicht mit einer Armee durch ganz China marschieren, aber Sie verstehen doch, was ich damit sagen will. Wenn nicht, dann sind Sie wahrscheinlich genauso ein Jammerlappen wie Sun Tzu und die Typen in Wharton und West Point, die so entzückt von Sun Tzu sind. Wenn Sie auch so dieser Gattung gehören, können wir Sie nicht gebrauchen.

Die anderen können mit dem nächsten Kapitel fortfahren.

---

[21] Stadt in Kalifornien

Eine Nuklearwaffe ist wirkungsvoller, wenn sie explodiert, als wenn sie dazu benutzt wird, anderen damit auf den Kopf zu schlagen

Die beste Führungskraft zerstört die Pläne des Feindes. Als Nächstbestes gilt die Zerstörung seiner Verbündeten. Danach rangiert die Zerstörung seiner Armee auf dem Schlachtfeld. Am schlimmsten ist der Angriff auf befestigte Städte.
Sun Tzu

Eine Handvoll Soldaten ist immer noch besser als ein Mund voller Argumente.
G.C. Lichtenberg Sprichworte, um 1700

Zu jeder richtigen Schlacht gehört eine Strategie und zu jeder Strategie gehört die entsprechende Waffe. Sun Tzu reitet eine Weile auf diesem Thema herum, um dann aber wieder zu derselben feigen Sache zurückzukommen – die Vermeidung eines richtigen Zusammenstoßes zugunsten einer langen Reise durchs Gebirge mit einer Rast bei Kuchen und einer Tasse Tee.

Sie sind wahrscheinlich nicht so geduldig. Ich weiß, dass Sie es nicht sind.

Ihnen stehen eine Menge verschiedener Waffen zur Verfügung, was wesentlich besser ist, als herumzusitzen und zu versuchen, jedem Ärger aus dem Weg zu gehen.

Das folgende Diagramm zeigt einige der verschiedenen Waffen, die Ihnen bei den durchschnittlichen Firmensituationen zur Verfügung stehen sowie deren Einsatz in kriegsähnlichen Situationen, in denen Sie sich gewöhnlich befinden.

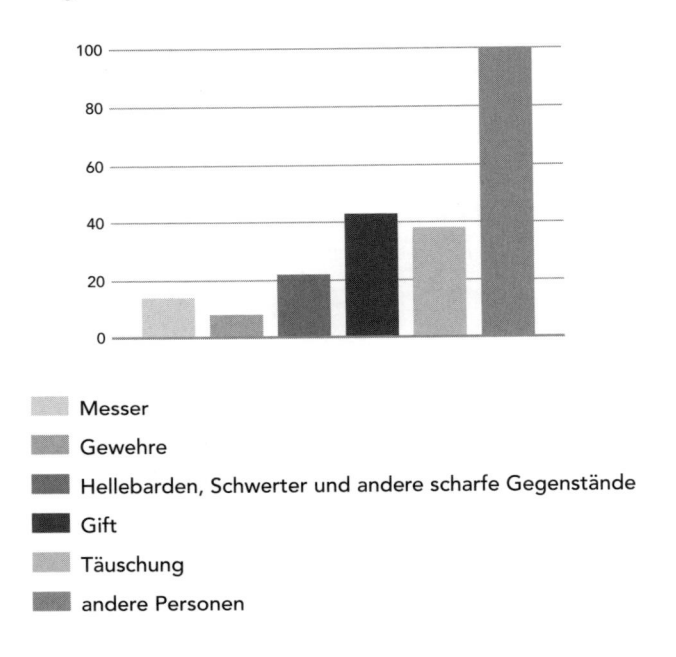

- Messer
- Gewehre
- Hellebarden, Schwerter und andere scharfe Gegenstände
- Gift
- Täuschung
- andere Personen

Die Rate für Gift mag Ihnen übermäßig hoch erscheinen, aber in diese Kategorie fällt auch Alkohol, der von einem kraftvollen Krieger dazu benutzt werden kann Gegner vollkommen zu vernichten, wenn sie für den Untergang reif sind. Nehmen Sie Ihren Feind einen Abend vor der großen Präsentation mit nach Vegas. Bleiben Sie bis morgens um 4 Uhr mit ihm unterwegs und sorgen Sie dafür, dass er, wenn er aufwacht, immer noch betrunken ist und aus allen Poren nach Gin riecht.

Die erste Waffe jedoch, ganz gleich wie lahm und unerheblich sie auch sein mag, sind Sie. Natürlich kennen Sie Ihre Situation besser als ich, aber ich möchte Ihnen hier ein paar praktische Hinweise geben, die alle auf dem gleichen Prinzip beruhen – eine Waffe zu verwenden, die so wirkungsvoll ist, dass sie ein ganzes Atoll hinwegfegen kann, mag eine absolute Zeitverschwendung sein, wenn alles, was Sie tun müssen nichts anderes ist, als jemandem das Auge auszustechen.

Waffe	**kann verwendet werden gegen**	**nicht zu verwenden bei**
Sarkasmus	Gleichgestellte; Leute, die Ihr Geschäft wollen und bereit sind, alles zu ignorieren, um es zu bekommen; Freunde	kauziges oberes Management mit einer gehobenen Meinung von sich selbst
unverblümte Grobheit	Untergebene; Leute, die Sie hassen und auf die Sie keine Rücksicht mehr nehmen müssen, das obere Management, das schon auf dem Weg nach draußen ist und dessen Position Sie haben wollen; Donald Trump	Chefs mit Macht; ältere Republikaner; Leute, deren Geschäft Sie wollen; Japanische Geschäftsleute
Lügen	Konkurrenten; Kollegen, die Sie gerne entlassen sehen; Leute des anderen Geschlechts, die Sie auf keinen Fall wiedersehen wollen, auch nicht zufällig; Leute, die Sie entweder	Partner (außer sie tun es zuerst); Leute, auf deren Meinung Sie Wert legen; die Einkommenssteuerbehörde, die Sicherheits- und Währungskommission, die Föderale Kom-

	lieben oder hassen, gewöhnlich je nach Anlass; jeder Rechtsanwalt, außer Ihr eigener	munikationskommission, die amerikanische Gesellschaft zur Verhinderung von Tiermisshandlungen und andere humorlose Einrichtungen
Unaufrichtigkeit	jeden	N/A
Herumschreien, Auf- und Abhüpfen, auf den Boden fallen, mit den Füßen schlagen und stoßen, jede Zurschaustellung narzisstischer Launenhaftigkeit	nahezu bei jedem, der sich nicht wehren kann; oberes Management von Akquisitionszielen, das sich gerade um seine Zukunft nach der Fusion sorgt, andere armselige Opfer	Ihr Chef, dessen Chef, eines jeden Chef, Donald Rumsfeld (der würde sich nicht darum scheren)
Fäuste	bei denjenigen, die schwächer, älter, und noch schwächer sind als Sie selbst (zuerst aber den Zustand überprüfen); bei einigen Reportern	Bei denjenigen, die stärker als Sie sind, Blutern
Wahrheit	Freunde, Menschen, die Sie lieben, Personen, denen Sie trauen	alle anderen

Ganz offensichtlich gibt es noch mehr Möglichkeiten andere zu verletzen und zu beherrschen als hier aufgeführt. Freundliche Worte und nette Geschenke sind sehr wirkungsvoll bei denjenigen, die sich nach Liebe und Aufmerksamkeit sehnen. Große Dinner mit gutem Fleisch sind bei armen Schluckern, deren Spesenkonto von der Buchhaltung minutiös kontrolliert wird, sehr wirkungsvoll, wenn es darum geht Zugeständnisse zu bekommen. Die Liste lässt sich beliebig fortsetzen.

Der Stock ist weniger wirkungsvoll als eine Atombombe, wenn er aus einer Höhe von einigen Kilometern herunterfällt

Macht eure Sache gut. Wir wollen, dass er nur mit seinem Schwanz in der Hand aus der Toilette kommt und sonst nichts.
Sonny Corleone

Schlimmer als des Guten zu viel zu tun, ist etwas zu wenig zu tun. Wenn jemand nicht wirklich tot ist, lebt er noch und das bedeutet, dass er immer noch gefährlich ist. Wenn Sie also die Wahl zwischen zu viel und zu wenig haben, dann wissen Sie, was zu tun ist.

Es gibt haufenweise Beispiele von halbtoten Gegnern, die plötzlich wieder auftauchten und Ärger verursachten. Dazu gehören:

Hamlets Vater: Er kam als Geist zurück und regte Hamlet dermaßen auf, dass dieser vier Stunden und fünf Akte später seinen Onkel tötete, sich als König disqualifizierte und im Grunde genommen Dänemark an eine Gruppe langweiliger Norweger übergab, und zwar in den Szenen, die normalerweise in dem Stück ausgelassen werden.

Napoleon: Geschlagen und nach Elba gesandt. Kam zurück und richtete später noch mehr glorreiches Blutvergießen an. Man hätte ihn bereits beim ersten Mal komplett ausschalten sollen.

Donald Trump: Dieser große Idiot will einfach nicht unten bleiben.

Martha Stewart: Sie wird zurückkommen, damit ist zu rechnen.

Wenn Sie also darüber nachdenken, wie Sie vorgehen und die Dinge anpacken wollen, rechnen Sie damit, dass Sie sich bei der Annahme, Ihr Gegner sei endgültig erledigt, geirrt haben könnten. Sie werden froh darüber sein.

Die Größe
spielt eine Rolle

Ist das eine Pistole in deiner Tasche
oder freust du dich nur mich wiederzusehen?
Mae West

Es gibt eine Menge kolossaler Lügen, die nicht nur in der zivilisierten Welt, sondern auch anderswo bestens bekannt sind. „Der Scheck ist in der Post" ist so eine. Diese Lüge hat schon einen Bart, wird aber immer noch verwendet. Es gibt noch viele andere, die ich aber an dieser Stelle nicht wiederholen möchte, denn ich fürchte, dass dieses Buch sonst nicht bei Wal-Mart verkauft würde.

Diesem Punkt sollte eigentlich nachgegangen werden. Ich könnte hier einen schmutzigen Witz erzählen, nein, keinen unanständigen, das versichere ich Ihnen! Es wäre ein Witz, der Sie zum Lachen bringen würde. Aber dann könnte ich dieses Buch nicht bei Wal-Mart verkaufen, und so viel ist mir Ihr Gekicher nun auch nicht wert.

Wal-Mart ist groß, eigentlich nicht groß, sondern riesig. Und Wal-Mart ist sich dessen bewusst.

Daran ist nichts verkehrt, auch Mick Jagger weiß, dass er groß ist. Jeff Immelt weiß, dass er ein großes Unternehmen führt, oder Tiger Woods weiß, dass er Großes leistet. Diese Typen kommen groß daher, reden groß daher und sie bestimmen wo's lang geht. Sie beziehen ihre Macht aus dem Gefühl groß genug zu sein, wenn der Zeitpunkt gekommen ist.

Manche Leute sagen, dass die Größe keine Rolle spielt, aber das ist einfach nicht wahr. Zahlengröße ist vielleicht eine wertlose Überlegung. Aber der entscheidende Faktor in einem Krieg ist wahrscheinlich die Fähigkeit, jeder Situation gewachsen zu sein.

Wenn Sie klein sind, sollten Sie nicht verzweifeln. Es gibt Dinge, die Sie wissen und tun sollten, um sich selbst größer zu machen.

Zuerst einmal atmen Sie tief durch und entspannen Sie sich. So ist es schon besser. Sie erreichen nichts, wenn Sie so verspannt sind.

Und nun strecken Sie sich, nein, das meine ich nicht. Treffen Sie sich mit Leuten, übernehmen Sie neue Aufgaben. Widerstehen Sie dem unerbittlichen Reiz sich selbst zu viel zu definieren. Die Organisation möchte Sie typisieren, definiert Sie und steckt Sie in eine Schablone. Lehnen Sie das rundweg ab. Gehen Sie dorthin, wo man Sie nicht erwartet – mit der entsprechenden Genehmigung, versteht sich. Seien Sie einfach da, wo etwas los ist, auch wenn es nicht zu Ihrem Aufgabenbereich gehört. Sprechen Sie, wenn Sie angesprochen werden, seien Sie ein netter Bursche, den man gern um sich hat. Wenn ein Ball zugeworfen wird, fangen Sie ihn. „Toll", werden die Leute sagen. „Ich hätte nie gedacht, dass Bob so etwas kann". Wenn Sie Bob sind, dann ist das gut für Sie.

Breite ist noch wichtiger als Länge, ob Sie es glauben oder nicht, also machen Sie sich breit. Wenn Sie ein Angestellter sind, haben Sie vorgegebene Funktionen. Sie müssen sich darüber hinwegsetzen und zeigen, dass Sie genau so breit wie lang sind, ja vielleicht müssen Sie in der Breite sogar das wettmachen, was Ihnen in der Länge fehlt. Was ich damit meine? Nun, wenn Sie ein Zahlenmensch sind, überraschen Sie die anderen mit Ihren Kenntnissen in den Geisteswissenschaften. Sie brauchen sich nicht zu sorgen, wenn Sie kein Wissen auf dem Gebiet haben, die anderen haben auch keines. Lesen Sie ein Buch über interessante Persönlichkeiten und sprechen Sie davon bei der nächsten Sitzung. Schauen Sie sich ein Spiel an. Vielleicht können Sie Ihre Kameraden mit etwas anderem als einer scheußlichen Golfgeschichte unterhalten.

Auch Tiefe ist ein integraler Bestandteil Ihrer persönlichen Größe. Die großen Athleten spielen mit Gefühl. Es ist wahr, dass ein Teil davon aus ihrem unerschrockenen Glauben an das eigene mythologische Selbst gespeist wird, aber was soll's, es wirkt!

Weite. Sie müssen es leicht aussehen lassen, das heißt, Sie bummeln, wenn andere rennen und sie atmen tief durch, wenn andere keuchen.

Das Zufügen von Schmerz (ohne die Schuld auf sich zu nehmen, jemanden verstümmelt zu haben)

*Einem Volk, in dessen Land
man eingedrungen ist,
sollte man nichts übriglassen,
außer den Augen zum Weinen.*
Otto von Bismarck

Lehnen Sie sich zurück, denn jetzt kommt ein sehr technisches Kapitel.

Außer Sie sind einem hoch spezialisierten Geschäft tätig, wird es für Sie schwer sein, bestimmte Waffen zu bekommen, die Sie brauchen, um anderen Pein zuzufügen. Polizeiknüppel sind beispielsweise für jemanden, der auf der Jagd nach hervorragenden Leistungen ist, nur bedingt nützlich. Spinnen, die ins Bett des Gegner krabbeln, ihn stechen, bis er schreit und dann stirbt, sind schwer zu finden. Sie können jemanden auch mit einem Laser in der Mitte durchtrennen.

Wer bei der Regierung, Strafverfolgung oder einem Unternehmen für Sicherheitsdienste arbeitet, hat mit Sicherheit die letzte Ölung bei der Hand. Aber die meisten von uns müssen mit weit weniger auskommen.

Nun, die Werkzeuge, die uns allen zur Verfügung stehen, wenn wir nicht gerade vollkommene Soziopathen sind, können sehr mannigfaltig und befriedigend sein, wenn sie richtig eingesetzt werden.

> **Beleidigung:** Ich arbeitete mit einem sehr mittelmäßigen fetten Kerl zusammen, der in einer bestimmten Unternehmens-Kultur aufgewachsen war, die ich hier nicht namentlich nennen möchte, die Sie aber sicher kennen dürften. Wenn nicht, dann lassen Sie mich nur so viel sagen, dass Ihre Mutter und Ihre Pensionskasse es wissen. Die Sache mit diesem Kerl war, dass er sehr verletzend sein konnte, wenn man ihn zu hart antrieb. „Ich sehe wirklich nicht ein, warum Sie das Recht haben sollten, mich über einen solchen Mist auszufragen", würde er murmeln, sich in seinem behaglichen Lehnstuhl zurücklehnen und mich unter seinen buschigen Augenbrauen wie ein Kommissar anstarren. „Sie haben die Leventhal-Situation letzte Woche ziemlich vermasselt". So etwas wurde vor jemandem ausgesprochen, in dessen Gegenwart ich nicht in der Lage war, zurückzuschlagen. Ich streute nicht gerade Asche auf mein Haupt vor Reue. Aber es war ein Schlag für mich, ein fühlbarer Schlag und ich möchte ihm noch heute einen Tritt geben, wenn ich nur daran denke.

Ich selbst bin nicht dafür, andere zu beleidigen. Eine Beleidigung ist ein kleines stumpfes Instrument, und zu persönlich. Außerdem verrät sie Ihre Absichten – und das ist strategisch ungünstig. Und schließlich verletzt es den Beleidigten nicht wirklich genug. Das Risiko bei einem solch offenen Angriff ist einfach zu groß.

Ich bevorzuge für meinen Teil die Langstreckenwaffen mit hoher Technologie, weil sie mehr Spaß versprechen. Wenn ich eine Person beleidigen sollte, was, wie gesagt sehr selten ist, dann hinter ihrem Rücken und das aus einer Reihe exzellenter Gründe, wie Sie sich denken können.

> **Schubsen:** Viele Leute sind unsicher, wie ich bereits sagte. Sie können einen Gegner dazu anstacheln, etwas Dummes zu tun, damit er

einfach so dumm dasteht, wie Sie Ihren Feind haben wollen. Anschubsen ist außerordentlich wirkungsvoll und angebracht, wenn der Gegner ohnehin schon auf der Kante steht und Sie ihm den letzten kleinen Schubs geben, damit er ins Wasser plumpst.

> Rempeln: Das ist ganz anders, viel aggressiver als ein einfacher Schubs. Rempeln verletzt, und kann deshalb nur bei Untergebenen angewandt werden, bei Lieferanten, kurzum bei Leuten, die schwächer sind als man selbst und die nicht zurück rempeln. Es gibt eine ganze Reihe an Gelegenheiten, bei denen durch gutes Rempeln Ergebnisse erreicht werden können, auch wenn damit die Gefahr sofortiger Repressalien verbunden ist.

Rempeln und mit dem Finger stechen: Wirksamkeit und Gefahr von Repressalien

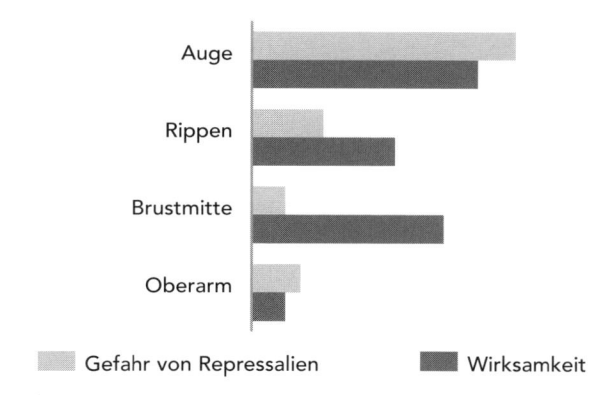

> **Treten:** Es gibt nur zwei mögliche Tritte, die einem Firmenkrieger zur Verfügung stehen.
> – Gesicht: während der andere gerade am Boden ist, verdeckt
> – Hintern: um ihn in die Richtung zu bringen, in der man ihn haben will.

Treten ist sehr, sehr ungehobelt und erniedrigend und sollte nur dann angewandt werden, wenn jede Hoffnung auf Frieden bereits erstorben ist, oder wenn Sie in einer sehr schlechten Laune sind und mit jemandem gerade verhandeln, der etwas von Ihnen will, was noch in der Zukunft liegt. Sollte Treten in Betracht kommen, ist das richtige Schuhwerk zu überlegen. Ein kleiner Tritt mit einem schweren Stiefel fühlt sich schlimmer an als ein heftiger Tritt mit der Spitze von Sneakern.

> **Aufstachelnde Bemerkungen/Lästern:** Ähnlich wie Schubsen und Rempeln besitzen aufstachelnde Bemerkungen ein hänselndes Element, das die Zielperson auf ein Terrain treibt, auf dem sie hilflos ist. In den 1990ern lästerte das *Fortune*-Magazin in einer Artikelserie heftig über den IBM Chef Lou Gerstner und stellte ihn als einen zickigen, griesgrämigen Dummkopf dar. Das erzürnte den Chef von Big Blue dermaßen, dass er sämtliche Anzeigen bei diesem Magazin für die nächsten Jahre stornierte. Das ist nicht nur ein Beispiel für Lästern, sondern ein Beweis, dass der Schuss nach hinten losgehen kann, wenn die falsche Person betroffen ist. Ich bin sicher, dass *Fortune* die zusätzlichen Einnahmen gerne verbucht hätte.

> **Untergraben:** Typen am Arbeitsplatz müssen miteinander leben, das habe ich bereits gesagt. Bestimmte Waffen können angewandt werden, wie beispielsweise Blei im Trinkwasser, aber die zu erwar-

tende Wirkung lässt oft unbestimmte Zeit auf sich warten. Bei der Bush-Administration war es von Anfang an klar, dass Paul O'Neill, Sekretär für Finanzen, nicht wirklich in die Kultur des Weißen Hauses passte. Um ihn zu destabilisieren und an den Rand zu drängen, untergrub die Administration seinen Posten mit kleinen gezielten Hieben, bis es offensichtlich war, dass er in dieser Einrichtung nichts verloren hatte. Er ging. Das Untergraben der Stellung anderer erfordert Zeit, Geschicklichkeit und vor allem Geduld:

Wirksamkeit des Untergrabens auf lange Sicht

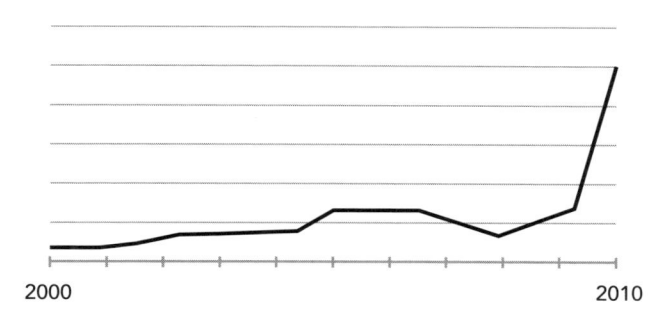

> **Beleidigung in der Öffentlichkeit:** Es handelt sich hier um eine besonders wirksame Quälerei innerhalb bestimmter Kulturen, insbesondere der von General Electrics und deren Zweigunternehmen. Diese rückständige Art hat ihren Ursprung in der rigiden Managementphilosophie der dreißiger Jahre des 20. Jahrhunderts und war stark beeinflusst von dem Erfolg und der allgemeinen Verbreitung totalitärer Systeme. Man richtete sich nach Führern wie Lenin, Stalin, Mussolini, Henry Ford, Louis B. Mayer und anderen, die mit diesem System Erfolg hatten.

Diese Taktik ist heute in vielen Firmen als hoffnungslos veraltet verpönt. Wer diesen alten Stil noch beibehält, ist schneller auf der Straße, als ihm lieb ist, während sich all die netten Leute an der Bar einen Drink in kollegialer Atmosphäre genehmigen.

> **Vernichtung:** Kann von leitenden Angestellten mit einigen Hieben durchgeführt werden. Nichts ist pathetischer als die Ansicht eines Zwergs, der versucht eine heilige Kuh zu reiten und ihren Willen zu brechen. Wer nicht das nötige Gewicht dazu hat, sollte es lieber bleiben lassen.

> **Plattmachen:** Diese Art richtet sich weniger gegen Personen als gegen irgendwelche Probleme. Dafür ist eine starke einheitliche Meinung innerhalb der Truppen notwendig sowie eine konzertierte Aktion, um die Gegenseite hinwegzufegen. Dazu braucht man nicht nur gute Managerfähigkeiten, die Sie vielleicht noch nicht besitzen, sondern ein großes Gefährt, das für den Zweck und die Kooperation anderer gedacht ist. Deshalb bevorzugen durchschnittliche Personen stumpfe kleine oder scharfe Gegenstände, die schnell und wirksam eingesetzt werden können. Es ist besser ohne großen Aufwand vorzugehen, weil dieser es erforderlich machen würde, dass andere erst einmal überzeugt und manipuliert werden müssen und man zudem Vertrauen in diese Leute braucht.

> **Aushungern:** Für Inspektoren und andere Typen der Finanzen ist das ein sehr nützliches Instrument. Diese Leute haben keine Hemmungen, Gelder oder Projekte, die sie nicht mögen, zurückzuhalten. Diese Taktik kann sehr effektiv gegenüber dem Spesenkonto eines internen Feindes angewandt werden. Dadurch lungern die Leute wochenlang herum, ohne auch nur einen einzigen Scheck zu bekom-

men, egal wie niedrig dessen Betrag ist, wie im Falle meines Freundes Dworkin, der Herausgeber dieses Buches ist.

Andere verfügbare Waffen, abgesehen von Flammenwerfern und ähnlichem, die nicht jeder mit sich herumträgt, sind Auspeitschen, das Fell versohlen, oder ein bildliches Verbrennen im Firmennewsletter, Bloßstellen des Feindes, sodass sich andere über ihn lustig machen können, überraschendes Anbrüllen, Schreien und Ermahnen, Zuweisung zu Orten, die so weit weg, kalt und seelenlos sind wie Dubuque[22] im Winter.

Am Ende dieses dramatischen Spektrums stehen die großen emotionalen Waffen, die letztendlich die wirksamsten sind. Sie können gegen jeden innerhalb und außerhalb der Firma eingesetzt werden und verfehlen nie ihre Wirkung. Ich spreche vom Stich mitten ins Herz und dem Schuss in den Kopf. Die erste Art macht den Gegner dermaßen kampfunfähig, dass er sich nichts sehnlicher wünscht, als ganz weit weg zu sein. Das zweite Verfahren ist so offensichtlich wirkungsvoll, dass jede Diskussion darüber überflüssig wird. Ohne Kopf lässt es sich nur schwer arbeiten, auch wenn Westinghouse[23] dies mehrere Jahrzehnte zustande brachte.

---

[22] Hochburg der Demokraten in Iowa

[23] Hersteller von Elektrogeräten

Und nun?

Noch einmal in die Bresche, liebe Freunde
Heinrich V.

Sie sind bewaffnet, Sie sind gefährlich. Sie haben eine Schwadron, die zumindest darauf vorbereitet ist, in einer Schlacht getestet zu werden. Und noch … und noch …

Und noch immer sind Sie ein Jammerlappen. Das ist in Ordnung, denn abgesehen von Verrückten ist das jeder am Anfang. Aber nach einer Weile werden Sie mit der Sache vertrauter werden.

Denken Sie über Kriege und andere ernste Konflikte im Geschäftsleben, in der Politik und der Kunst nach. Diese Kriege werden von Leuten gewonnen, denen es die größte Freude macht zu kämpfen. Das würden Sie auch gerne tun, aber geben Sie es doch zu, es ist schwierig für Sie, weil Sie immer noch an die Menschlichkeit glauben. Diese „Menschlichkeit" besteht aus einigen unabhängigen und durchaus messbaren Dingen:

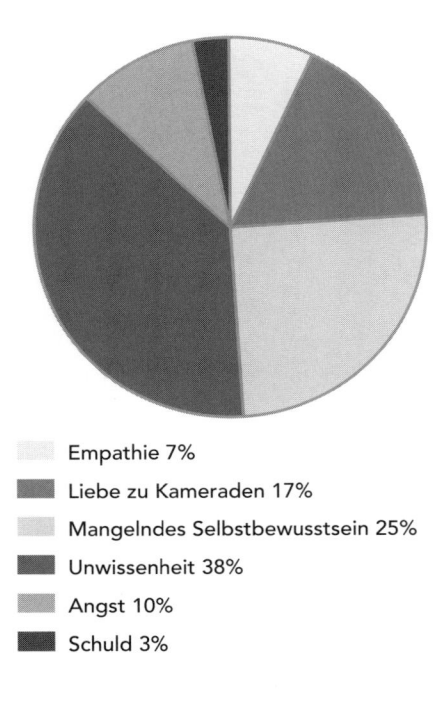

Empathie 7%
■　Liebe zu Kameraden 17%
　　Mangelndes Selbstbewusstsein 25%
■　Unwissenheit 38%
　　Angst 10%
■　Schuld 3%

Die obige Darstellung zählt die verschiedenen Komponenten auf, die im Allgemeinen die „normale Menschlichkeit" ausmachen.

> Empathie ist mehr für andere als für einen selbst (7%): diese ist schwer vorzutäuschen und wenn Sie diese nicht besitzen, sind Sie für das, worüber wir reden, wesentlich besser geeignet. Dennoch besitzen Sie ein gewisses Gefühl für andere Menschen, wie die meisten von uns. Sie sollten etwas dagegen tun, zwar nicht sofort, aber mit der Zeit, weil dieses Gefühl sonst zu einer Last für Sie wird.
> Liebe zu Kameraden (17%): Auch dieses Gefühl kann sich als ein Hindernis herausstellen, wenn Sie mit leichtem Gepäck reisen und verbrannte Erde hinter sich lassen wollen.

- Mangelndes Selbstbewusstsein (25%): Der Durchschnittsmensch hat davon mehr als genug. Die wenigen Glücklichen, die mit einem unerschütterlichen Selbstvertrauen ausgestattet sind, werden in jeder Auseinandersetzung als Sieger hervorgehen. Sie sehen sich selbst immer nur als Gewinner, weshalb sie auch gewinnen, ganz gleich, ob sie es wert sind oder nicht. Manchmal sind diese Gewinnertypen sogar weniger wert als die Verlierer. Wahre mentale Krieger schlafen wie Babys. Sie dagegen wachen mitten in der Nacht auf, gepeinigt von den wüstesten Vorstellungen. Sie werden von Ängsten heimgesucht und fürchten sich davor, dass Sie einen fundamentalen Betrug begangen haben, dem man auf die Schliche kommen wird. Sie lesen die Zeitungen und freuen sich über die Leute, die als Idioten dargestellt werden, weil nicht Sie, sondern die anderen es sind, die am Pranger stehen. Noch stehen Sie nicht dort.
- Unwissenheit (38%): Geben Sie es zu, von den meisten Dingen haben Sie keine Ahnung. Letzten Monat haben Sie Salz statt Zucker in den Kuchen getan, den Sie gebacken haben. Sie haben die falsche Sportjacke oder den falschen Schal getragen und waren den ganzen Tag unpassend angezogen. Jemand sprach über eine geheime Anordnung, von der Sie angenommen hatte, an deren Spitze zu stehen und es nicht waren – und das vor allen Leuten. Dummkopf! Handlanger!
- Angst (10%): Nur verrückte Menschen haben angesichts der Massaker des Krieges keine Angst. Sie wollen einer von diesen sein, zumindest wenn man Sie dazu zwingt.
- Schuldgefühle, Schlechtes getan zu haben (3%): Erfolgreiche Krieger verfügen über ein regulierbares Niveau an Schuldgefühlen. Sie haben vielleicht eine kleine Synapse in ihrem Hirn entwickelt, die ihnen sagt, dass das Schlechte, das sie tun, vollkommen in Ordnung ist, weil es alle tun, also kann es gar nicht schlecht sein. Dieser Schalter in Ihrem Hirn ist wahrscheinlich nicht ständig eingeschaltet, und Sie

werden immer dann aufgewühlt, wenn Sie sich außerhalb der Stadt befinden, betrunken oder in Las Vegas sind, sich in einer unangreifbaren Machtposition im Business befinden ...

Die gute Nachricht ist, dass Sie sich schuldfrei fühlen können, wenn Sie ein wenig daran arbeiten. Die meisten Menschen haben, angefangen von der Frühzeit der Menschheit, schreckliche Dinge getan, weil sie sich im Recht fühlten. Dazu zählen:

> - Kain tötet Abel
> - Die Kreuzfahrer
> - Sklaverei in Amerika
> - Selbstmordattentäter der internationalen Terroristenorganisationen (geht zurück auf die Kreuzfahrer)
> - Michael Jackson, der mit kleinen Jungs schlief

Diese Liste lässt sich beliebig fortsetzen, wie Lynchjustiz, um die Jungfräulichkeit der Frauen im Süden zu schützen, der Mord an streikenden Arbeitern durch wichtige Menschenfreunde, Andrew Carnegie und Henry Frick, die Jungs, die jene Flugzeuge am 11. September flogen, alles Leute, die dachten, sie wären im Recht. Die schlimmsten Dinge werden nicht von Menschen begangen, weil sie glauben etwas Schlechtes zu tun, sondern weil sie davon überzeugt sind, dass die Hand Gottes auf ihren Schultern ruht.

Über diese Fähigkeit verfügen Sie jetzt noch nicht. Aber Sie werden dazu in der Lage sein, wenn Sie übertriebenes, verweichlichtes Menschlichkeitsgetue mit Stumpf und Stiel ausreißen.

Keine Sorge, Sie werden sich danach wesentlich besser fühlen.

Teil Vier

Unterdrückung der Feigheit

*Wenn es nicht zu deinem Vorteil ist,
unternimm nichts.*
Sun Tzu

*Und willst du nicht mein Bruder sein,
so schlag ich dir den Schädel ein.*
Sebastian-Roch Nicholas de Chamfort
Französische Revolution

Zornig, unbesiegbar

Warum, du. Ich werde dich umbringen.
Moe Howard[24]

Ich möchte einen Augenblick über die Three Stooges nachdenken. Diese drei amerikanischen Komiker hatten ihre großen Erfolge in den dreißiger und vierziger Jahren. In den 1950ern waren sie nichts weiter als zornige, fette, alte Männer, die sich gegenseitig herumschubsten, ohrfeigten und anbrüllten. Ich weiß nicht, wie es Ihnen geht, aber mich erinnert das zu sehr an den Umgang in meiner Firma, sodass ich so etwas nicht komisch finden kann.

In der Anfangszeit waren die Howard Brüder und Larry Fine die Verkörperung von Feindseligkeit, Aggression und des Aufeinanderangewiesenseins, das jede Familie ausmacht. Damit waren auch die Familienbande eingeschlossen, die vorübergehend an einem Arbeitsplatz entstehen. In jedem Szenario wird derjenige, der am zähsten, durchschnittlichsten, unflätigsten und unsympathischsten ist ausgewählt, die Gruppe anzuführen und ihr all die Disziplinen aufzuerlegen, die exzessiv, emotional und irrational und wenn nötig erfolgreich sind.

Die Welt der Stooges war zwar hoffnungslos niveaulos, zeigte aber in vielen Fällen die Welt, in der viele von uns arbeiteten. Die Drei waren dazu verdonnert etwas zu tun, was ihnen überhaupt nicht lag, weil sie eben nichts weiter als Handlanger waren. Sie mussten sich jedoch irgendwie durchschlagen, sonst hätten sie kein Geld vom Chef (oder deren Ehefrauen) bekommen. Sie strengten sich an und hatten mit ihrem Job mitunter Erfolg, insbesondere der aggressivste von ihnen – Moe. Moe hatte einen Haarschnitt, als hätte man ihm einen Topf aufgesetzt, und der kleine Schnurrbart, den er trug, erinnerte sowohl an Charlie Chaplin als auch an Adolf Hitler. Er benutzte die anderen beiden je nach Bedarf. Die meiste Zeit hatte er Misserfolg, und am Schluss endete jeder von ihnen im kalten Wasser.

Der Hauptpunkt jeder dieser Geschichten war das Leiden eines jeden „Handlangers" – eine Atmosphäre voller Ängstlichkeit – und die allgegenwärtige Wut und Angst, die alle drei befähigte, ihr Handlangerdasein in den Griff zu bekommen.

Die ihnen Untergebenen – Larry, Curly, Shemp und der depressive Curly Joe – litten direkt unter ihrem Vorgesetzten Moe. Er wiederum litt, wenn sie ihn unangekündigt mit einem Brett oder etwas anderem schlugen. Und obwohl er nicht körperlich verletzt war, verbrachte er viel Zeit damit höchst frustriert zu sein, wie viele leitende Manager. Diese Frustration wiederum schlug in Form von noch größerem Zorn zurück, bis er so außer sich war, dass er kurz vor einem Schlaganfall stand. Ich habe Geschäftsführer mehr als einmal in einer solchen Verfassung erlebt. Einer von ihnen war so außer Rand und Band, dass ich befürchtete, seine Augen würden ihm aus dem Kopf schießen.

Diese Sketche erinnern doch sehr an einen durchschnittlichen Arbeitsplatz und sind deshalb für uns Krieger durchaus von Bedeutung. Die Lektion, die wir daraus lernen, gleichwohl wir uns nicht als Handlanger betrachten, ist einfach, aber dennoch wichtig:

1. Ohne Pein kein Gewinn: Jede Handlangertransaktion wird nur nach einem unkalkulierbaren Leiden erreicht, was für uns witzig ist, weil es nicht unser eigenes Leiden ist, uns aber an vergangene Zeiten unseres Lebens erinnert.
2. Im Zorn liegt eine immense Kraft

Genau diese letzte Eigenschaft – die Fähigkeit Zorn zu generieren und danach zu handeln – macht den Unterschied aus, wenn es zum Krieg kommt. Krieger, die ohne Zorn kämpfen, sind zum Untergang verurteilt. Das ist genau die gegenteilige Richtung zu Sun Tzu, der zu Weisheit und Verstand rät und einem zornigen General mit erbärmlicher Niederlage droht.

Zorn ist das einzige und wichtigste Attribut eines Kriegers, nicht Geduld und leere Worte. Auf dem Geschäftsparkett sind Spieler ohne Zorn bei weitem benachteiligt, weil die echten Schützen da draußen die ganze Zeit darauf warten das Gesicht ihres verachteten Gegners zu zermalmen und ihm den Kopf abzureißen.

Es gibt eine Menge erfolgreicher Leute, die für Sie als Inspiration dienen könnten. Schauen Sie sich die Aufzählung an

Zornige Manager der Vergangenheit und Gegenwart

Manager	Grund des Zorns
Gott	Sodom
Attila der Hunne	alle Nicht-Hunnen
Richard Löwenherz	Ungläubige
Henry Ford	Zionisten, Chevrolet
Joseph Stalin	Reaktionäre Leninisten, Trotzki-Anhänger, Gewerkschaften
Douglas MacArthur	Kommunisten, Japaner, Chinesen und Koreaner, Harry Truman
Richard Nixon	Feinde
Walter Yetnikoff [25]	Lawrence Tisch [26]

Rupert Murdoch[27] / Ted Turner[28]	gegenseitig
Haus der Republikaner	Sexaffären der Präsidenten
Michael Eisner	Jeffrey Katzenberg, Roy Disney, Kinder, die offensichtlich seine Filme nicht anschauen, viele seiner Aktionäre, Unsicherheit, was er von Michael Ovitz halten soll, die Jungs bei Pixar, um nur einige zu nennen ...
Martha Stewart	Bundespolizei in schlechten Anzügen
Jack Welch	Schwachsinnige, die sein Urteil in Frage stellen
Kongress	Unanständige Fernsehprogramme wie *Friends*

Denken Sie an Ihre eigenen Manager, die immer über irgendwelche belanglosen und oftmals inkonsequenten Dinge aufgeregt sind. Die Wahrheit ist, dass es eigentlich egal ist, worüber sie sich ärgern, Hauptsache sie ärgern sich, denn das hält die ganze Sache am Laufen.

Los. Gehen Sie in sich. Und sollten Sie zu sich selbst aufrichtig sein, und natürlich genügend Geduld aufbringen, bis der Ärger sichtbar wird, dann werden Sie irgendwann auch ihren inneren Schalter finden.

---

[24] Einer der Komikergruppe The Stooges

[25] Musikmogul, viele Jahre Leiter von Columbia Records

[26] von Loews Corp. Mitbegründer von CBS

[27] australischer Millionär, der sich die laschen Mediengesetze der USA zunutze machte und ein Imperium aufbaute.

[28] US-amerikanischer Medienmogul

Finden Sie
Ihren inneren Stellknopf

Du kannst das nicht anfassen.
M. C. Hammer [29]

Jeder hat einen inneren Stellknopf. Das Problem bei Ihnen ist, dass Ihrer zu wabbelig ist.

Vielleicht haben Sie zu viel Unsinn unseres Meisters Sun über das Übel des Zorns gelesen, vielleicht sind Sie aber auch von Natur aus zu sanftmütig.

Im letzten Kapitel haben wir uns ein paar Themen angesehen, die ich Ihnen unterbreitete, damit Sie den Zustand kriegsähnlicher Gereiztheit erreichen. Nun, ich kenne Sie nicht gut genug und offen gestanden, habe ich auch nicht die Absicht, Sie näher kennen zu lernen. Ich hoffe nur, dass Sie sich einen guten Grund ausgesucht haben, über den Sie sich ärgern können, und das sollten Sie getan haben.

Wenn alles nichts nützt, dann können Sie zum Beispiel nach dem Motto handeln, dass alles und jeder, der gegen Sie ist, Ihren Zorn entfacht, egal wie gering der Anlass auch sein mag. Bei den meisten Leuten wirkt das. Ich kenne viele wichtige Jungs, bei denen eine kleine negative Bemerkung in einer Zeitung ausreicht, um sie für drei, vier Stunden völlig ausrasten zu lassen. So müssen Sie auch sein.

Wenn Sie erst einmal etwas gefunden haben, was Ihnen unter die Haut geht, müssen Sie genau wie ein Krieger vorgehen und sich über das Ärgernis bis zur Weißglut hineinsteigern, die dann nur durch den Tod Ihrer Feinde wieder besänftigt werden kann.

Sie erreichen dies durch ein Fünfstufenprogramm für Ärgermanagement – nicht in dem Sinn, wie dieser Begriff normalerweise gebraucht wird. In Ihrem Fall muss Ihr Ärger gesteigert werden, um zu einer Waffe und Zündstoff für weitere Waffen zu werden, die sonst ziemlich alt aussehen würden.

Wie ärgere ich mich am besten?: Das Fünfstufenprogramm

Stufe 1: Nachdenken: Sie haben schon eine ganze Menge getan, um sich etwas auszusuchen, was Sie ärgern könnte. Aber bleiben Sie nicht bei einer Sache stehen. Ziele für Ihren Zorn sind wie Kartoffelchips, sobald Sie anfangen zu essen, können Sie nicht mehr aufhören. Der Anstieg Ihres Adrenalinspiegels und das Kochen Ihrer Galle durch einen guten Schuss Ärger macht süchtig, und wie bei jeder Droge wird die Dosis von Mal zu Mal steigen.

Anmerkung: Die beste Zeit zum Nachdenken ist entweder spät in der Nacht oder am frühen Morgen. Das macht Sie bereit für einen neuen Tag voller Ärger, ohne den Sie Ihren täglichen Kriegspflichten gar nicht nachgehen können.

Stufe 2: Marinade: Ein anständiger Ärger fängt klein an, beginnt dann an zu wachsen und wird mit der Zeit in Ihrem Inneren mariniert. Während Sie nachdachten, werden Sie festgestellt haben, dass es in Ihnen bereits rumort. Dieses Rumoren kann nur durch Handlung beseitigt werden. Einem Ärger darf nicht zu schnell nachgegeben werden, weil er sonst noch unreif ist wie grüne Äpfel, das heißt noch schwer zu kauen, was Magenschmerzen verursachen kann. Unreifer Ärger kann sich in dummen und gewalttätigen Handlungen Luft machen, für die man noch nicht das richtige Durchhaltevermögen hat. Ein richtig funktionaler Ärger, der Ihre weichliche Gesinnung vernichtet, muss gepflegt werden und darf nicht ausgedrückt werden, solange er noch nicht die richtige Reife hat.

Flüssigkeiten, in denen Sie Ihren Ärger marinieren können, sind folgende:

> Galle
> Blut
> Wodka, Scotch, Gin, verschiedene Liköre
> Latte mit einer Ladung Espresso (Westküste)

Stufe 3: Frustration: Krieger der oberen Klasse befinden sich in einem ständigen Zustand höchster Gereiztheit. Das rührt daher, dass sie verschiedene Formen des Ärgers stets in sich herumtragen, noch dazu in verschiedenen Marinaden eingelegt. Einige Ärgernisse sind rechtschaffen rund und dick und bereit zu platzen. Andere wiederum sind noch in der richtigen Lösung zum Einweichen eingelegt. Der Ärger, der fast reif ist, beginnt zu blubbern und zu brodeln, und schreit tief im Inneren des Kriegers nach einer Tat.

Wer zu viele unbewältigte Frustrationen mit sich herumträgt, läuft Gefahr sich dumm zu verhalten. Symptome verdrängter Frustrationen sind Erregbarkeit bei den falschen Personen, Gewalt gegenüber den falschen Personen, gesteigerter Alkoholkonsum, erregtes Herumschreien, ein Fußtritt nach dem Familienhaustier oder wahllos nach Lieferanten, Verkehrsrowdytum und anderes.

Während eine niedrige Stufe an Frustration als Nahrung für den Kriegsgeist nötig ist, muss Frustration als solche kontrolliert werden, um Ihnen von Nutzen zu sein.

Stufe 4: Intrigen: Ich möchte nicht, dass Sie sich den Krieg als ein Beruhigungsmittel vorstellen. Das ist er weiß Gott nicht. Die meiste Zeit ist Krieg nichts anderes als jede Menge Spaß, besonders für die Generäle. Viele von Ihnen, die dieses Buch lesen, sind Sadomasochisten, die sich bereits an Stufe 1 bis 3 erfreut haben. Für alle anderen beginnt der Spaß erst mit der Planung, dem Schüren von Zwietracht, der Überredung, Organisation und der tatsächlichen Kampagne gegen den Feind.

Diese Stufe ist außerordentlich wichtig, denn wer direkt von Stufe 3 zu Stufe 5 springt, wird oftmals mit seinen eigenen Waffen geschlagen, welche es auch immer sein mögen. Die Planung ist also sehr wichtig, wenn es darum geht die richtige Art Ärger aufrechtzuerhalten, die Sie benötigen, um Ihre Feigheit unter Kontrolle zu bringen. Viele von Ihnen sind verhältnismäßig gesunde Menschen, für die es schwierig ist, einen gewissen Grad an mörderischem Zorn beständig am Kochen zu halten. Man neigt dazu mit der Zeit weniger zornig zu werden und anderen ihre Fehltritte zu vergeben, so wie Sie erwarten, dass Ihnen die anderen vergeben. Das hat natürlich direkte und negative Auswirkungen auf Ihren Erfolg in Kriegszeiten.

Krieger pflegen ihren Ärger – und haben damit Erfolg

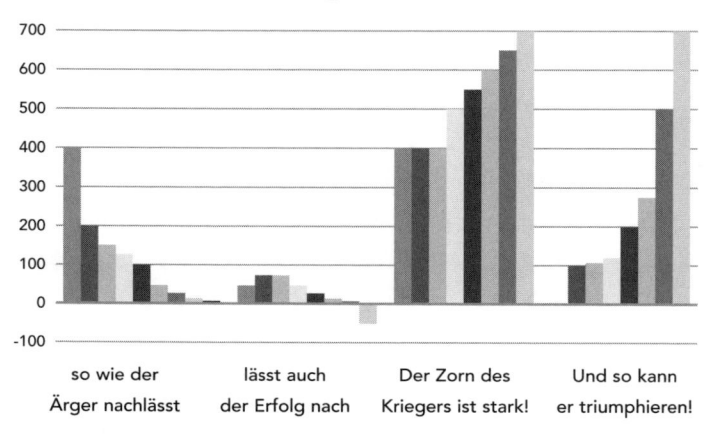

Um über einen längeren Zeitraum den Ärger auf einem angemessenen Niveau halten zu können, vor allem dann, wenn eine Sache wieder zur Normalität wird – was sie bei normalen Menschen meistens tut – muss man sich selbst Horrorszenarien ausmalen, in denen man seine Feinde vernichtet. Bei der Planung ist zu berücksichtigen, dass je besser die Planung, desto größer der Erfolg sein wird.

Stufe 5: Kauvorgang, Fenstersturz, Verwüstung: Jetzt kommt der schwierigste Teil. Die Einzelheiten eines tatsächlichen Krieges sind schrecklich und beinhalten unendliches Leid, auch für Sie, ganz gleich wie glücklich, vorausschauend, rücksichtslos Sie gegenüber den Gefühlen anderer und aufmerksam zu sich selbst Sie auch sein mögen. Wir werden über die tatsächlichen Bedingungen ihres Engagements bald sprechen. Wenn Sie jedoch Ihren Ärger in der Zeit der intensivsten Schlacht nicht aufrechterhalten können, werden die Rückschläge für Sie schrecklich sein. Sie werden Ihren Willen verlieren, sich eine Magenschleimhautentzündung zuziehen und was das Schlimmste ist, Ihre Haare werden ausfallen.

Wahre Krieger ertragen ihren Zorn, indem sie einfach darüber nachdenken, wie ihr Gegner nur die Frechheit besitzen kann, sich ihnen zu widersetzen. Sie pflegen auch ihre Wunden und ihren Kummer überproportional im Vergleich zu der Schwere der tatsächlichen Beleidigung. Das verleiht ihnen Kraft.

---

[29] Hip-Hop-Rapper

Bloß kein Mitleid zeigen

*An dem Tag, an dem sie ihre Männer
in die Schlacht schicken, ist die Brust der
Offiziere feucht von Tränen, außer bei denen,
die sich zurückneigen, deren Tränen bleiben
auf ihren Wangen*
Sun Tzu

*„Ich weine um dich", sagte das Walross:
„Ich empfinde tiefes Mitgefühl".
Mit Schluchzen und unter Tränen
musterte er die größten aus,
und hielt sich dabei sein Taschentuch
vor die vor Tränen überlaufenden Augen.
„Oh, Austern", sagte der Zimmermann,
„Ihr hattet eine angenehme Fahrt!
Sollen wir nach wieder Hause trotten?"
Aber es kam keine Antwort –
und das war ziemlich seltsam, weil
sie alle gegessen hatten.*
Lewis Carroll[30]

Ärger reicht nicht aus, um den in fast allen Herzen vorherrschenden Geist des Mitgefühls auszulöschen. Wie der heilige Sun Tzu bereits sagt, ist der Tag, an dem die Offiziere ihre Männer in den Tod schicken, ein schwerer Tag. Sitzende Offiziere durchtränken mit ihren Tränen ihre Hemden, während den liegenden die Tränen die Wangen benetzen. Das hält sie aber nicht davon ab, ihre Befehle zu erteilen.

Und es sollte Sie genauso wenig davon abhalten.

Wenn Sie ein Leben voller Krieg genießen wollen, können Sie nicht jedes Mal, wenn Sie eine Auster knacken, bitterlich weinen.

---

[30] Verfasser von „Alice im Wunderland"

Glücklich in seiner Schwäche: Eine kurze Befragung

Nun redest du nicht so laut.
Nun bist du nicht so stolz...
deine nächste Mahlzeit zu erschnorren.
Wie fühlt sich das an?
Bob Dylan
„Like a Rolling Stone"

Frage: Wenn Sie jemanden sehen, der ärmer dran ist als Sie, wie reagieren Sie?

a) *Haben Sie Mitleid mit dem Kerl und versuchen ihm auf seinem dornigen Weg zu helfen?* Die Typen von Enron müssen so bei ihren Angestellten und Aktionären empfunden haben, wohl wissend, was diese über die verkommene, betrügerische Firma wussten, ohne etwas dagegen zu tun. Sie behielten es für sich. Das muss eine schwere Last für sie gewesen sein, und ich wette, sie ist es immer noch.

b) *Sie wissen, dass Geschäft Geschäft ist, aber wenn Sie die Gelegenheit haben, verhelfen Sie nicht dem Verlierer noch ein paar Dollar zu bekommen?* Als meine Firma vor einigen Jahren eine Abteilung von Pfeifen abstieß, vergeudeten sie damit eine Menge mittleres Management. Aber immerhin erhielten sie auf dem Weg nach draußen noch nette Abschiedsgeschenke.

c) *Sehen Sie die starken Seiten in dem Kerl und versuchen sich in diesem schnatternden Menschlein einen Freund und Verbündeten zu schaffen?*

Ist durchaus machbar. Jack Welch sah etwas in Jeff Immelt[31], das ihn ansprach. Howard Stringer sah ebenfalls etwas in Andy Lack.

d) *Versichern Sie sich, ob der Kerl ein Freund oder ein Feind ist.* Befindet er sich im grünen Bereich, stützen sie ihn, aber noch interessanter wird es, wenn er ein Schlappschwanz ist, denn dann können Sie Gott dafür danken, dass er Ihnen einen Idioten als Feind gesandt hat.

Antworten:
a) *Sie sind ein Streber.*
b) *Sie sind in der Personalabteilung.*
c) *Ihr Abonnement des Harvard Business Review ist in der Post.*
d) *Bingo.*

---

[31] Leiter von General Electrics

Der nächste Schachzug

Warte Chaos mit Ruhe ab,
Stille, um sich auf Lärm vorzubereiten.
Das wird Ordnung in deinen Geist bringen.
Sun Tzu

Nur einen von deinen Hoden, Smitty.
Du kannst ohne ihn leben.
Deshalb hast du ja zwei bekommen.
Lee Marvin
The Big Red One
(Ein Held ist, wer überlebt)

In dem Original *Die Kunst des Krieges* wird jede Menge gelauert und geschlichen. Generäle schätzen ab, Truppen suchen nach hohen und niedrigen Standorten für weiteres Warten und strategischen Verstecken. Sie greifen möglicherweise an, aber nur, wenn der Sieg durch eine Reihe von Kriterien sichergestellt ist.

Aber auch das Lauern und Herumschleichen hat seine Grenzen.

Nebeneffekte von zu viel Lauern

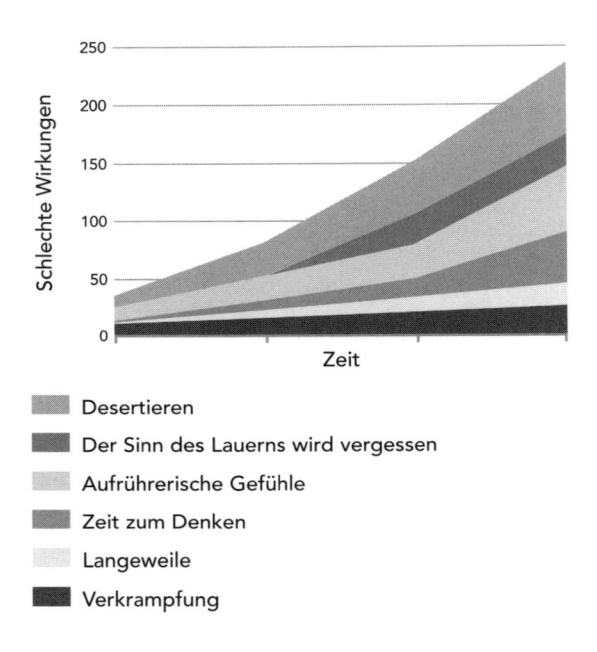

Schlechte Wirkungen (y-Achse: 0, 50, 100, 150, 200, 250) vs. *Zeit* (x-Achse)

- Desertieren
- Der Sinn des Lauerns wird vergessen
- Aufrührerische Gefühle
- Zeit zum Denken
- Langeweile
- Verkrampfung

Wissen Sie, was das Schlimmste an der ganzen Sache ist? Ihr feiges Herz wird durch dieses ausgedehnte Lauern, sich Verstecken, Herumtänzeln noch memmenhafter. Ein Kampf wird dadurch zwar nicht zwangsläufig ausgeschlossen. Es könnte aber gut sein, dass Sie darauf warten, wie sich die Dinge entwickeln, bevor Sie selbst einen Entschluss gefasst haben, wie Sie vorgehen wollen. Auf diese Weise entwickelt sich ein Hang zur Trägheit, der sich immer weiter ausbreitet, bis Sie einer von den Typen sind, der eine Firmenerlaubnis braucht, bevor er sich kratzt. Jeder, der mit leitenden japanischen Angestellten (außer denen von höchstem Rang) oder mit Entwicklern bei HBO[32] zu tun hatte, kennt dieses Phänomen.

An der Spitze solcher Organisationen stehen ein oder zwei Krieger, die für alle das Signal geben. In der mittleren Etage befinden sich die Leute, von denen man nicht weiß, wie sie eigentlich ihr Geld verdienen. Entscheidungen zu treffen und wichtige Schritte zu unternehmen gehört zumindest nicht zur ihren täglichen Aufgaben.

Große Krieger lauern sicherlich auch, bevor sie zum Sprung ansetzen – aber sie verfügen über die Fähigkeit und das *Bedürfnis* nach einem Schachzug und etwas zu bewegen. Manchmal sind diese Schachzüge stupide, brutal oder unnötig, aber man kann jedenfalls nicht von diesen Leuten behaupten, sie unternähmen gar nichts, wie das Folgende zeigt:

Krieger	**Aktion**
Moses	Teilte das Rote Meer und erzeugte eine Flut
Pharao	Fuhr mitten hinein in diese Flut
Howell Raines[33]	Überschwemmte den Bereich
Nero	Steckte Rom in Brand
Wilhelm der Eroberer	Fiel in England ein
Samuel Adams	Versenkte Tee im Bostoner Hafen, machte Bier (?)
Charles Lindbergh	Flug über den Atlantik/ unterstützte Adolf Hitler
Bob Dylan	stieg auf die elektrische Gitarre um
Typ auf dem Tiananmen-Platz	Aug in Aug mit einem Panzer
Jeff Katzenberg[34]	wurde verrückt/gründete SKG

Ich bin davon überzeugt, dass Ihnen noch mehr Leute einfallen, die aus guten oder schlechten Gründen, was hier keine Rolle spielt, ihr Schicksal dem Himmel überließen und den großen Schritt wagten, der das Gestern vom Heute trennt.

---

[32] Home Box Office, amerikanische Fernsehsendung.

[33] Leitender Herausgeber der New York Times. Herausgeber zahlreicher Bücher.

[34] Filmproduzent, überwarf sich mit Disney. Gründete DreamWorks SKG

Teil Fünf

Feinde

*Das ist das Ende,
mein lieber Freund,
das Ende.*
Jim Morrison

Mein Feind, mein eigenes Ich

Ich habe an Gott nur einmal ein Gebet gerichtet, ein sehr kurzes: „Oh Herr, mache meine Feinde lächerlich." Und Gott gewährte es mir.
Voltaire (1767)

Wenn man einmal alle Poesie und Kindereien beiseite lässt, was ist dann wirklich ein Feind? Es ist ein Wesen, das sie am liebsten umbringen würden. Sie müssen verstehen, was sich auf der anderen Seite des Stacheldrahts befindet, lange und intensiv über Schwäche und Stärke nachdenken, um dann wie ein Hund sich auf das eigene Spiegelbild zu werfen – wahrscheinlich mit dem gleichen Ergebnis.

Die Feststellung, dass Ihr Feind Sie selbst sind, nur mit einem anderen Anzug – ist eine grässliche Erfahrung für viele Menschen. Sich vorzustellen, dass der Feind ein Troll oder ein Monster ist, mag für viele die Planung einen Feind zu vernichten wesentlich erleichtern.

Die guten Neuigkeiten für all jene, die sich selbst in dieser Hinsicht gerne täuschen, sind, dass unser Feind oftmals unseren Wünschen und Handlungen nachkommt und sich so idiotisch, eigensüchtig und verrückt benimmt, wie wir es wollen. Und genau so wirken wir natürlich dann auch. Aber lassen wir das beiseite.

Es ist wichtig, in welchem Ausmaß der Feind lächerlich auf Sie wirkt, denn das ist die Achillessehne Ihres Feindes, gleich, ob kurz oberhalb des Schuhs oder nicht.

Ich will Ihnen sagen, was ich damit meine.

Krieger	Feind	Was am Feind lächerlich ist
Augustus Cäsar	Marc Antonius	sexbesessener Dummkopf
George Washington	Georg III.	Aufgeblasener, zimperlicher Jammerlappen
Napoléon	Alles außer Frankreich	Nicht-Franzosen
V. I. Lenin	Der Zar	In Inzucht gezeugter, überfütterter widerlicher, üppiger Vampir, der die Arbeiterklasse aussaugt
John Lennon	J. Edgar Hoover	Fetter, korrupter Faschist, der wahrscheinlich Damenunterwäsche trägt
J. Edgar Hoover	Martin Luther King	sexy Unruhestifter im Bett mit Robert Kennedy
Richard Nixon	jeder	Kommunisten, Homosexuelle, Juden, andere Demokraten
Tupac Shakur[35]	Biggie Smalls	dicker, fetter Idiot
Biggie Smalls	Tupac Shakur	Mittelklassekind, gekleidet wie ein Möchtegerngangster
Republikaner im Weißen Haus	Bill Clinton	sexbesessener Dummkopf
Fred Durst / Christina Aguilera	Christina Aguilera / Fred Durst	Bimbo ohne Talent
Al Franken[36]	Newt Gingrich	sexbesessener Dummkopf

In einigen Fällen entspricht der Wert des Kriegers genau dem seines Gegners. In anderen Fällen kam es zu einer totalen Fehleinschätzung, die zu einem überraschenden Verlust für denjenigen führte, der sich die Sache ganz einfach vorgestellt hatte.

Was schließlich und endlich zählt, ist die Lächerlichkeit und Unterlegenheit Ihres Feindes. Gleichzeitig sollten Sie insgeheim darauf achten, dass die Situation auch der Realität entspricht.

Die Vermischung von Wirklichkeit und Fantasie stellt den wichtigsten Verbündeten des Kriegers dar. Wer die genauen Verhältnisse kennt, weiß auch den Unterschied zwischen Sieg und Niederlage.

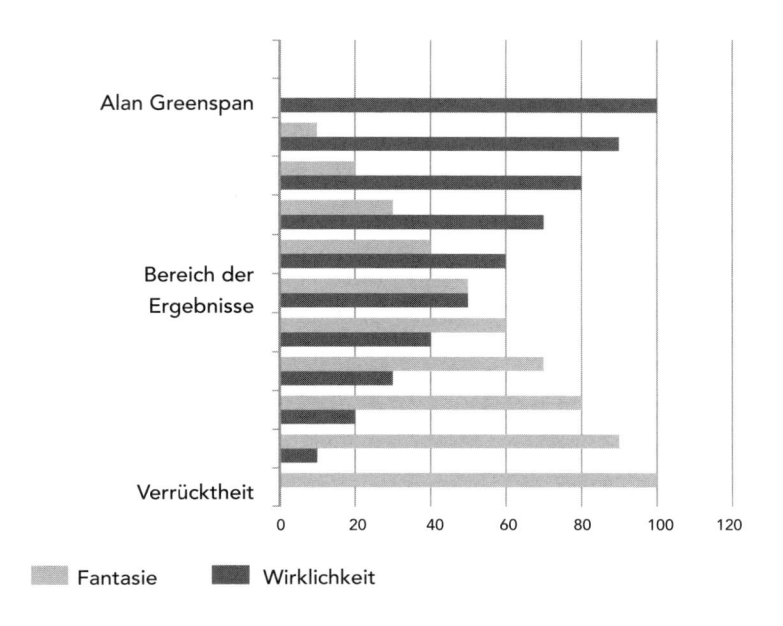

Werfen wir einen wirklichkeitsnahen Blick auf den Feind und wie Sie mit ihm umgehen, vorausgesetzt, Sie sind kein Schlappschwanz.

Noch eine Warnung: Ich habe nicht viel Zeit und habe einen richtigen Job, bei dem ich kurz davor bin, den Krokodilen zum Fraß vorgeworfen zu werden. Was nun folgt, ist eine vollständige und totale Behandlung eines jeden möglichen Feindes, auf den Sie während Ihrer Laufbahn treffen können sowie die entsprechende Herangehensweise.

---

[35] Musiker

[36] Autor, Komiker, Radiomoderator

Der
kleine Feind

Lass los, du Mistkerl!
Tweetie Bird, als er Sylvester in den Abgrund stürzen sieht, nachdem er den letzten kleinen Finger des Feindes aus dem Seil gelöst hatte, das ihn noch festhielt.

Ich möchte Ihnen den wahrscheinlich besten Rat geben, den Sie jemals in Ihrer Karriere gehört haben: Hüten Sie sich vor kleinen Männern! Kleinwüchsige Männer, darunter verstehe ich Männer, die nach oben schauen müssen, um herablassend sein zu können, sind außerordentlich mächtige Gegner. Sie haben aufgrund Ihrer Größe ein Leben lang gekämpft. Diejenigen, die diese psychologische Behinderung überwunden haben, sind in der Lage, jeden über den Haufen zu rennen.

Das Gleiche trifft auf kleine Frauen zu, wie Ihnen jeder bestätigen wird, der Ruth Westheimer[37] bei der Arbeit gesehen hat.

Diese Feststellung beruht nicht auf einer philosophischen Grundlage, sondern einer empirischen, zumindest meiner. Mein erster Chef war klein und ein totaler Nazi. Mein zweiter Chef war eine kleine Frau, die mit ihren Backenzähnen Walnüsse knacken konnte. Ich habe für viele Herausgeber von Magazinen gearbeitet. Die meisten von ihnen waren klein geraten, und diejenigen, die es nicht waren, dachten aber, sie wären es.

Ich möchte mich auf die großen Führer dieser Welt beschränken, die klein waren. Natürlich gibt es eine Fülle an kleinen Mogulen in jedem Gewerbe, und wer von denen nicht klein ist, ist zumindest oftmals fett. Die fetten Typen behandeln wir später. Sie verhalten sich nicht wie die kleinen Kerle, weil sie viel früher sterben.

Liste kleiner, aber herausragender historischer Persönlichkeiten

1. Der schwarze Prinz, ein berühmter Ritter des Mittelalters, dessen Rüstung Gary Coleman passen würde
2. Alexander Pope, englischer Dichter – 137 cm
3. Victoria, britische Königin – 152 cm
4. John Keats, englischer Dichter – 154 cm
5. Franz von Assisi, italienischer Heiliger – 154 cm
6. Henri-Marie-Raymond de Toulouse-Lautrec, französischer Maler – 154 cm
7. Honoré de Balzac, französischer Schriftsteller – 157 cm
8. Nikita Chruschtschow, sowjetischer Staatsmann – 160 cm
9. Marquis de Sade, französischer Soldat, Schriftsteller und Sadist – 160 cm
10. Charles I., britischer König – 162 cm
11. James Madison, US-amerikanischer Präsident – 162 cm
12. Pablo Picasso, spanischer Maler – 162 cm
13. George „Baby Face" Nelson, US-amerikanischer Gangster – 164 cm
14. Hirohito, japanischer Kaiser – 165 cm
15. Lawrence von Arabien, britischer Soldat und Schriftsteller – 166 cm
16. Napoléon Bonaparte, französischer Kaiser – 167 cm
17. Joseph Stalin, sowjetischer Staatsmann – 167 cm
18. Tutanchamun, ägyptischer Pharao – 167 cm

Zu dem gegenwärtigen Team kleiner, aber mächtiger Persönlichkeiten zählen berühmte Filmschauspieler, der winzige Medienmogul Si Newhouse und so viele andere wie Berater, mutmaßliche Kriegsverbrecher, der Lebemann Henry Kissinger und der Schauspieler Jon Stewart. Ich verwende diese Beispiele nur, weil ich der Meinung bin, dass die genannten Personen nicht in der Lage sein dürften mir in naher Zukunft etwas anzutun, und keiner von ihnen dieses Buch lesen würde, nicht einmal die Lebenden.

Die kleine Körpergröße allein ist nicht das Einzige, was berücksichtigt werden muss. Genauso wichtig sind die kleinen bis mittelgroßen Manager, die jemanden abgrundtief hassen, und noch wichtiger sind die Assistenten (die früher Sekretäre/innen genannt wurden), die sich untereinander verschwören, um Sie fertigzumachen. Wenn Sie tatsächlich dumm genug waren, die Leute vor den Kopf zu stoßen, die für Sie, Ihre Kollegen und Chefs arbeiten, kann ich möglicherweise nichts mehr für Sie tun.

Taktiken bei kleinen Feinden

> Sie halten ein rohes Ei in der Hand. Keine Sorge, es hat noch die Schale und ist nicht klebrig, noch nicht. Betrachten Sie das Ei in Ihren Händen. Sie müssen es bis nach Khartoum über raues und zerklüftetes Gelände bringen.
> Auf Ihrer gefährlichen Reise sind noch andere Leute unterwegs, herumschleichende Kerle mit einer Augenklappe und schwarzen Lumpen, oder was auch immer dieser Steve Van Zandt trägt. Alle wollen Ihnen aus irgendeinem Grund das Ei wegnehmen. Sie müssen das Ei bis nach Khartoum bringen oder Sie haben verloren.
> Gleichzeitig müssen Sie Ihre täglichen Pflichten erfüllen, die ebenfalls wichtig sind – die sogar noch wichtiger sind als dieses wertlose Ei, das Sie gezwungenermaßen halten müssen.

› Die Reise nach Khartoum geht weiter. Vielleicht kommen Sie niemals an!
› Möglicherweise aber doch. Khartoum! Romantische aufregende Hauptstadt von irgendwas. Wo liegt das gleich noch mal? Ist ja auch egal, Hauptsache, Sie sind angekommen.
› Sie bringen Ihr Ei zu dem verabredeten Ort, wie erwartet, und da Sie zur genau richtigen Zeit angekommen sind, zerschlagen Sie das Ei auf dem Pflaster und sehen zu, wie es auf dem Bürgersteig brutzelt. Eine gute Sache ist das. Wie saß Ihnen dieses Ei doch im Nacken!

---

[37] Sextherapeutin und Autorin

Der
große Feind

Jesus, du bist der größte Jude,
den ich je getroffen habe!
Ted Turner zu dem 1,90 m großen,
111 kg schweren Rick Kaplan,
als er Kaplan anheuerte, CNN zu leiten.

Körpergröße spielt bei Auseinandersetzungen eine nicht zu unterschätzende Rolle. Lassen Sie mich Ihnen eine kleine Geschichte erzählen, die nicht besonders ungewöhnlich ist.

Irgendwann einmal gab es einen leitenden Angestellten der oberen Etage, der sich sehr wenig Mühe gab. Die Firma war zu dieser Zeit in einem fürchterlichen Zustand und dieser Kerl tat kaum etwas, um die Situation zu verbessern. Er hatte eine Vorliebe für Berater, möchte ich dazu anmerken.

Bobs Haupteigenschaften waren folgende:

1. Er sagte sehr wenig
2. Er war sehr groß

Bei einem Meeting brütete er am Ende des Tisches vor sich hin, seine langen Beine von sich gestreckt, saß er zurückgelehnt in seinem Lehnstuhl und hörte zu oder auch nicht, so genau wusste das keiner. Am Ende des Meetings stand er auf, wobei er alle um Haupteslänge überragte, wirkte gelangweilt und wartete darauf, dass sich die Gruppe auflöste und davoneilte. So überstand Bob ein Meeting nach dem anderen.

Er verhielt sich so, bis ihn schließlich eine Gruppe kleiner Leute zu Fall brachte. Ich denke, dass er wirklich betroffen war, als seine Karriere zu Ende ging. Er verschwand irgendwo in der Wildnis, überzeugt davon, dass es irgendwo einen Platz für einen hoch gewachsenen Mann gäbe. Und so war es tatsächlich. Heute ist er irgendwo anders erfolgreich und sehr beschäftigt, ich bin überzeugt, sehr zum Leidwesen anderer.

Taktiken bei hoch gewachsenen Feinden

- Ein Riese lebt in einem Turm irgendwo hinter den Wäldern, er verspeist das Fleisch normaler Menschen. Er trinkt so viel Wein und Met, wie er nur schlucken kann und zählt sein Gold. Es gibt für Sie keinen Grund zu diesem Ort, an der er lebt, zu gehen, außer: (1) Sie werden von dem Riesen dazu aufgefordert, um ihn zu unterhalten oder von ihm verspeist zu werden, (2) oder Sie und Ihre Mitstreiter sind an dem Punkt angelangt, an dem Sie überzeugt sind, den Riesen zu Fall bringen zu können.
- Sie bleiben, wie Sie sind, machen Ihren Job, bleiben sauber und schließen Freundschaften. Niemand kann einen Riesen wirklich bezwingen.
- Eines Nachts, wenn der Riese eine Zurschaustellung seiner Maßlosigkeit gerade verschläft, werden Sie von Thor aufgeweckt, einem Zwerg, der dem Riesen zur Seite steht, wenn dieser gerade sehr beschäftigt ist. „Bist du für oder gegen uns?" fragt er.
- Zusammen stürmen Sie und Ihre Mannschaft bestehend aus Zwergen, Elfen, Männern, Frauen und sogar noch ein paar Orks in die Burg, die das Direktorium des Turms beherbergt. Am nächsten Morgen ist der Riese verschwunden oder Sie sind es.
- Übrigens nehmen Riesen, wenn Sie einen Ort verlassen, den größten Teil ihres Goldes mit, zusammen mit ein paar Hühnern und

gelegentlich auch etwas Schinken. Fragen Sie Dick Grasso und das Direktorium der New Yorker Börse über die Begründung, die dahinter steckt.

Ein letztes Wort über Größe

*Ich mag dich nicht,
weil deine Füße zu groß sind.*
Fats Waller

In den letzten Kapiteln habe ich Ihnen den Eindruck vermittelt, dass pure Körpergröße der einzig bestimmende Faktor von Größe ist. Das stimmt nicht. Es gibt noch andere Faktoren.

> Rang
> Qualität der Kleidung
> physische Schönheit oder auffallender Mangel an Schönheit (im positiven Sinne)
> Sexappeal
> Ein bestimmtes Maß an Aggressivität
> Ego – was bedeutet, dass man nicht in der Lage ist, eigene Fehler zu sehen

Der Rang ist zwar entscheidend, aber nicht so, wie Sie vielleicht denken. Auf der nächsten Seite befindet sich eine Tabelle, die genau beschreibt, welche Unannehmlichkeiten verschiedene Akteure für Ihre eigene Situationen hervorrufen können, falls Sie auf der falschen Seite stehen, ganz gleich, ob die Seite winzig oder von grotesken Ausmaßen eines Donald Trump ist.

Sie werden feststellen, dass die größten Plünderungen, nicht wie Sie vielleicht vermuten werden, beim mittleren Management anzutreffen sind, mit dem Sie jeden Tag Ihre Kämpfe ausfechten. Nein, es sind die Leute vom Service, die alles am Laufen halten. Sie sind die verborgene Gefahr für Sie selbst, wenn Sie ein Eumel sind. Die Gefahr bilden die Arbeiter, die sich Sekretärinnen nennen, sich aber heute besser fühlen, wenn man sie Assistentinnen nennt. Die meisten dieser Assistentinnen und Assistenten bekommen Sie nicht jeden Tag zu Gesicht, weil diese für andere Leute arbeiten. Aber diese Leute kennen Sie ganz genau, das kann ich Ihnen versichern, diese Leute wissen, was Sie essen, was Sie trinken, ob Ihr Spesenkonto gedeckt ist und mit wem Sie gerade eine Liebesaffäre haben, wenn Sie wissen, was ich damit meine.

Auf der anderen Seite gibt es noch ein paar Leute, die Sie ebenfalls selten antreffen, und die in der Lage sind, Ihnen Schmerz zuzufügen können, ohne Sie überhaupt zu kennen. Das wiederum ist abhängig von dem Geist der Wirtschaftlichkeit und Sparsamkeit, der bei dieser Sorte Mensch vorherrscht.

Die Macht zu nerven

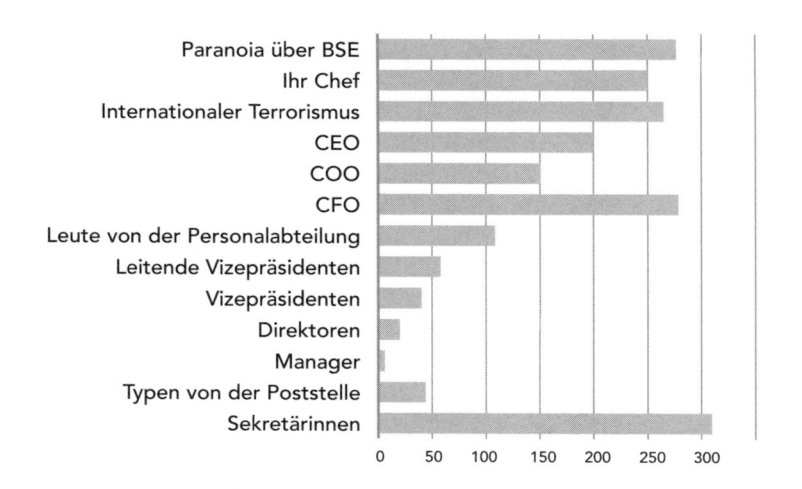

Kategorie	Wert
Paranoia über BSE	~270
Ihr Chef	~250
Internationaler Terrorismus	~260
CEO	~200
COO	~150
CFO	~280
Leute von der Personalabteilung	~110
Leitende Vizepräsidenten	~60
Vizepräsidenten	~45
Direktoren	~20
Manager	~5
Typen von der Poststelle	~45
Sekretärinnen	~305

Taktiken bei normaler Größe

> Vergessen Sie das ganze Sun-Tzu-Zeug für ein paar Sekunden. Wenn Sie nicht auf die Sekretärinnen und Typen bei der Poststelle aufpassen, sollten Sie am besten gleich aufhören.

Der dicke Feind

Versuch das Kalbfleisch,
es ist das beste in der Stadt.
Captain McCluskey to Michael Corleone,
kurz bevor ihm Michael in die Kehle schoss

Ich bin nicht dick, aber ich könnte es werden, wenn ich es wollte, möglicherweise sogar wenn ich es nicht wollte. Ich habe die Veranlagung dazu. Als junger Bursche konnte ich ein Pfund Pasta auf einen Sitz verschlingen und danach noch ein Eis verdrücken. Ich fand es herrlich nach einer schlaflosen Nacht, in der ich gearbeitet hatte, mit Freunden auszugehen und ein großes Bier und eine riesige Pizza in mich hineinzustopfen. So, wie ich heute vor Ihnen stehe, wiege ich dreißig Pfund mehr als damals und esse 146% weniger. Das Leben ist unfair.

Wer dick sein will, kämpft um jedes Pfund mehr und ist dabei sehr ausgelassen. Doch unter dieser Ausgelassenheit, meine Damen und Herren, lauert ein ausgekochtes, leidendes, reißendes Biest, das stets hungrig ist.

Aus diesem Grunde muss man bei dicken Leuten, genauso wie bei kleinen und hoch gewachsenen, sehr vorsichtig sein, weil sie einfach gefährlich sind. Von einer Minute zur anderen rasen sie dahin wie ein Sturm, lachen und schlagen um sich, benehmen sich, als ob die Welt eine Auster wäre und Sie die Perle darin, um Sie dann zu fragen, ob Sie die saure Gurke essen wollen. Von da an geht es dann unweigerlich bergab.

Bevor wir dazu übergehen Strategien zu entwickeln, möchte ich zunächst eine wichtige Frage stellen, die Schlüsselfrage sozusagen: Was ist „fett bzw. dick"? Auf Geschäftsebene würde ich fett folgendermaßen definieren:

> Mehr als fünfundzwanzig Pfund Übergewicht, verglichen mit dem üblichen Standard.
> Bei den meisten von Ihnen kneift die Kleidung. Sie haben Schwierigkeiten, dass Ihre Bluse oder Ihr Hemd in der Hose bzw. dem Rock bleibt.
> Die Leute nennen Sie „Pfundskerl" und Sie sind ein Kerl. Ich weiß nicht, ob es auch ein weibliches Gegenstück gibt. Man denkt, es sei ein freundlich gemeinter Spitzname, ist es aber nicht. Wenn Leute das zu mir sagen, habe ich das Gefühl Chris Farley zu sein, obwohl ich es nicht bin, und wie gesagt, nur ein bisschen dick bin. Wenn Sie die Absicht haben, einen solchen Spitznamen bei stämmigen Leuten zu verwenden, dann lassen Sie es lieber bleiben.
> Sie denken gerade an Essen. Schinken oder Würstchen wahrscheinlich, weil Sie ein Kerl sind. Wenn Sie eine Frau sind, denken Sie wahrscheinlich an Eiskrem oder Crème brûlée.
> Sie sind gierig darauf andere Leute zu feuern, und Sie haben nichts gegen Essen, solange es vor Ihnen steht.

Dicke Leute schließen enge Freundschaften und haben absolut verabscheuungswürdige Feinde. Genau wie andere unterdrückte Gruppen pflegen Sie einen Vorrat an verstecktem Ärger.

Ärgerpotenzial

Larry David	▬▬▬▬▬▬▬▬▬▬▬
Angestellte von Enron	▬▬▬▬▬▬▬▬
Schiiten im Irak	▬▬▬▬▬▬▬▬▬
Bill O'Reilly	▬▬▬▬▬▬▬▬▬▬▬
Fette Leute	▬▬▬▬▬▬▬▬▬▬▬▬▬

Ausgelassenheit ⟶ aufgestauter Ärger

Leute, die über einen längeren Zeitraum dem allgemeinen Gespött ausgesetzt waren, halten sich nicht mehr zurück, wenn sie erst einmal in Rage geraten sind. Sie werfen dann ohne Rücksicht auf Verluste ihr ganzes Gewicht in den Kampf und hinterlassen deutliche Spuren.

Taktiken bei dicken Feinden

- Sie sind stolz auf Ihren neuen Pitbullterrier Chuck. Chuck ist nicht wie andere Pitbullterrier. Er ist freundlich und nett. Die Leute staunen über sein gutes Wesen.
- Eines Tages ist Chuck alleine unterwegs. Er wird hungrig und zeigt auf einmal eine völlig neue Seite seiner Persönlichkeit. Er tötet und verschlingt einen kleinen Vizepräsidenten, der den Fehler beging, ihn mit einem Stock zu piesacken.
- Nach diesem unglücklichen Zwischenfall wird Ihnen klar, dass Chuck es auf den fleischigen Teil Ihrer Beine, auf Ihre Waden abgesehen hat.
- Chuck ist nun zu Ihrem persönlichen Problem avanciert. Es gibt keine Möglichkeit mehr ihn wieder zu einem zahmen netten Welpen zu machen, mit dem Sie spielten und dem Sie vertrauten. Es gibt offensichtlich nur noch eines, was Sie jetzt tun können.

- Sie füttern Chuck. Mit Omeletts, Schinken und dicken fetten Steaks zu Mittag. Am Abend bekommt er Pommes frites mit Gehacktem und dazu jede Menge Drinks, so oft er danach verlangt. Immer wenn der Hund Sie lange genug ansieht, werfen Sie ihm einen dicken Knochen zu.
- Nach ein paar Wochen Mastkur ist Chuck so dick, dass er sich kaum noch bewegen kann. Er könnte nicht einen einzigen Direktor mehr beißen, selbst wenn sein Leben davon abhinge. Niemand zuckt zusammen, wenn er angerollt kommt.
- Im Herbst, zur Bilanzzeit, verladen Sie Chuck klammheimlich in den Hundefängerwagen. Sie unterzeichnen die Papiere, damit er schön lange im Hundezwinger sein Leben fristet.

Der dünne Feind

*Ein weiser General verspeist
die Nahrung seines Feindes.
Eines seiner Hühner ist mehr wert
als zehn von meinen.*
Sun Tzu

Ein hungriger Mann ist ein zorniger Mann.
Englisches Sprichwort

„Von Cassius hatte ein mageres und hungriges Aussehen". Shakespeare schrieb über einen der Verschwörer, der Cäsar erdolchte, dass dieser nicht wegen Rom Cäsar tötete, sondern um seinen eigenen Machthunger und seine Rachgelüste zu stillen. Ein Typ, der isst, aber niemals richtig satt ist, wirkt auf andere Menschen irritierend.

Das ist oftmals unfair. Gegenüber dünnen Menschen gibt es genau so viele Vorurteile und Feindschaften wie gegenüber dicken. Der Unterschied zu den dicken ist nur, dass sie mit und ohne Kleidung besser aussehen.

Da ich zum Dickwerden neige, werde ich automatisch misstrauisch, sobald ich auf Leute treffe, die nicht genügend Speck auf den Rippen haben. Es verdrießt mich ganz besonders, wenn diese Leute mir sagen, dass sie andauernd Milchshakes trinken und Zwiebelringe essen, um ein bisschen zuzunehmen. Ich vermute, dass sie das nur sagen, um mich aus dem Gleichgewicht zu bringen, obwohl ich zugeben muss, dass es in diesem Fall auch nicht besonders schwer ist.

Dünne Leute müssen genau wie kleine, große und dicke Leute ab und zu einen Tritt in den Hintern bekommen. In diesem Fall ist es jedoch bedeutend schwieriger, als man zunächst vermuten dürfte. Wie soll man ein kleines bewegliches Ziel treffen?

Doch sehen wir uns erst einmal an, was ich unter dünn verstehe:
- Haben kaum einen Hintern in der Hose
- Knöpfen beim Sakko immer den mittleren Knopf zu, um den Leibesumfang zu verbergen.
- Scheinen niemals ausgelastet zu sein. Sie schielen auf Ihren Teller, wenn sie glauben, Sie würden es nicht bemerken.

Dieser letzte Punkt ist sehr wichtig. Was wir hier einer näheren Untersuchung über Dünne unterziehen, ist, wie Sie unschwer aus den vorherigen Kapiteln gelernt haben, nicht die körperliche Erscheinung allein. Es geht um Leute, die nicht davor zurückschrecken würden Ihr Mittagessen zu verschlingen, wenn gerade niemand da ist.

Taktiken bei dünnen Feinden
- Sie befinden sich in einem Boot auf einem langen und breiten Fluss, und bewegen sich langsam stromabwärts. Sie sind nicht allein im Boot. Er oder sie besteht nur aus Haut und Knochen und es gibt nur einen Laib Brot für Sie beide.
- Die Tage vergehen und die Vorräte gehen zur Neige. Ihr Begleiter wird sehr unwirsch und Sie beobachten, wie er insgeheim nach Ihrer Ration geifert.
- Eines Nachts stehlen Sie heimlich ein Stück seines Brotes, ein so kleines Stück, dass er es nicht merkt. Sie essen es sofort auf. Das stärkt

Sie. Es schadet ihm nicht sofort, schwächt ihn aber auf Dauer als möglichen Gegner.
› Jede Nacht stehlen Sie immer größere Teile seines Vorrates, behalten aber Ihren eigenen stets im Auge. Er hat jetzt nur eine Wahl: er kann Sie angreifen, aber dazu würde ihm die Kraft fehlen, und er ist ja so hungrig!
› Nach einer Woche greift Sie diese verrückt gewordene, ausgezehrte Kreatur im Boot an. Nach einem kurzen Handgemenge können Sie sie leicht überwältigen, deren letztes Stück Brot wegnehmen und diese Hungergestalt über Bord werfen. Da schwimmt er stromabwärts und stürzt den Wasserfall hinab.
› Sobald er weg ist, gehen Sie ans Ufer, wo Sie sich ein Zimmer im St. Regis-Hotel mieten, eine Dusche nehmen, und zu Sparks eilen, wo Sie sich ein gutes T-Bonesteak mit gebackenen Kartoffeln und allem Drum und Dran genehmigen.

Der schwache Feind

*Soldatentum, werte Dame,
ist die Art eines Feiglings
gnadenlos anzugreifen, wenn man stark ist,
und sich aus einer Sache herauszuhalten,
wenn man schwach ist.
Das ist das ganze Geheimnis
des Kämpfens.
Verschaffen Sie Ihrem Feind Nachteile;
und kämpfen Sie niemals egal wie,
mit den gleichen Waffen wie er.*
George Bernard Shaw

Wir wollen hier eines klar stellen und uns bei dieser Diskussion an Richard Nixon halten: Es gibt keine schwachen Feinde.

Wenn Sie der Meinung sind, dass Sie einen schwachen Feind vor sich haben, stehen Sie am Rande einer Grube, in der man Sie nach ein paar Millionen Jahren als Fossil mit einem erstaunten Gesichtsausdruck wiederfinden wird.

Das schließt nicht aus, dass es nicht doch den einen oder anderen schwachen Gegner gibt. Gerade diese Schwäche kann, richtig eingesetzt, durchaus Stärke vermitteln. Schwäche zwingt den Krieger seine Aggression auf andere unerwartete Weise zum Ausdruck zu bringen, was mitunter sehr erfolgreich sein kann, vor allem bei Feinden, die sich ihrer zu eingebildet sind.

Nachfolgend sind einige „schwache" Feinde aufgeführt, die ihre „starken" Gegner aus dem Weg räumten:

- David, König von Israel siegt über Goliath, einen Riesen, der für eine Gruppe Kunstkritiker, genannt Philister, arbeitete.
- Die Kontinentalarmee unter George Washington, die der mächtigsten Armee der Welt eine Niederlage beibrachte, weil sie den Guerillakrieg erfand.
- Ho Chi Minh, der sowohl die Armeen Frankreichs als auch der Vereinten Staaten auf seinem Weg zu einem vereinten Vietnam bezwang, das entgegen den Erwartungen nur geringfügig weniger unterdrückerisch ist.
- Das Baseballteam New York 1969 Mets

Alle Menschen verfügen über Macht. Macht kann auf verschiedene Art und Weise von jenen zum Ausdruck gebracht werden, die ärgerlich, ehrgeizig oder dazu entschlossen sind in Ihnen ein Gefühl des Bedauerns auszulösen, weil Sie sie auf die leichte Schulter genommen haben.

Taktiken bei schwachen Feinden

- Sie wachen eines Morgens auf und finden ein kleines Päckchen mit einen fünf Pfund schweren Früchtekuchen vor. Dieses Päckchen ist auf Ihren Rücken gebunden. Eine Stimme sagt Ihnen, dass Sie diese kleine Last in der nächsten Zeit nicht abnehmen dürfen, außer beim Schlafen. „Was ist daran so schwer?" fragen Sie sich. „Es sind ja gerade mal fünf Pfund." „Fein", sagt die Stimme. „Und lass es nie aus den Augen. Es war ein Geschenk. Ich werde später wiederkommen, um es zu holen!" Da Sie es gewöhnt sind, solche Stimmen zu beachten, tun Sie, wie Ihnen aufgetragen.

> Nach einer Weile stellen Sie fest, dass dieses geringe Gewicht doch nicht so leicht ist, wie Sie dachten; Tatsache ist, dass es Ihnen lästig wird.
> Sie gehen von einem zum anderen und fragen, ob jemand Ihnen das Paket abnehmen könnte. Die anderen lehnen es ab, weil für sie, die mit so vielen wichtigen Dingen beschäftigt sind, das Gewicht, das Sie herumtragen, völlig bedeutungslos ist. „Wir haben so viele wichtige Sachen zu tun", werden sie sagen. „Das ist schließlich Ihre Angelegenheit und ehrlich gesagt, sieht das Päckchen nicht wirklich schwer aus. Sind Sie etwa ein Schlappschwanz?"
> Sie begreifen jetzt, dass Ihr Problem mit dem kleinen Früchtekuchen auf dem Rücken Sie schwach und klein aussehen lässt. Sie sind in Gefahr als „der Typ mit dem Früchtekuchenproblem" bezeichnet zu werden. Sie geraten in Verzweiflung.
> Schließlich öffnen Sie in einer dunklen, stürmischen Nacht Ihr Paket und essen den Kuchen bis auf den letzten Krümel auf. Er ist ein bisschen fad, aber gut. Aber am besten ist, dass er endlich weg ist.
> Ein Blitz leuchtet auf und die Stimme ist wieder da. „Danke, dass du auf diesen dämlichen Früchtekuchen aufgepasst hast", sagt die Stimme. „Ich bekomme jedes Jahr so einen und weiß nie, was ich damit machen soll."

Der
starke Feind

Meine lieben Freunde, zum zweiten Mal in unserer Geschichte ist ein britischer Premierminister von Deutschland zurückgekehrt und hat ehrenvollen Frieden mitgebracht ...
Ich glaube, es ist für uns nun der Frieden gekommen. Geht nach Hause und schlaft einen guten und ruhigen Schlaf.
Neville Chamberlain,
britischer Premierminister, nachdem er den Nichtangriffspakt mit Hitler im September 1938 unterzeichnet hatte, ein Jahr vor dem Einfall Hitlers in Polen.

Auf den ersten Blick sieht es so aus, als ob der starke Feind ein unüberwindliches Problem darstellen würde. In Wirklichkeit bietet er jedoch aus folgenden Gründen die größten Chancen:

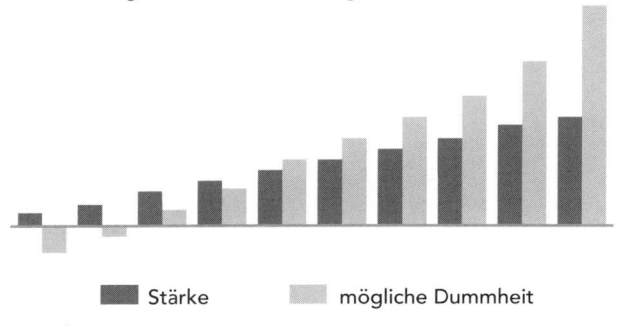

■ Stärke   ■ mögliche Dummheit

Richtig! So wie dumme, eingebildete Krieger den vermeintlich schwachen Feind oft unterschätzen, sollte man als schwacher Hänfling einen muskulösen und unbezwingbar erscheinenden Typen nicht fürchten. Es gibt niemanden, der nicht geschlagen werden kann. Wenn das zu viele Verneinungen für Sie sind, müssen wir die Sache anders angehen.

Jeder kann geschlagen werden. Man muss nur wissen wie. Und wie die Darstellung zeigt, denkt eine Streitkraft, je unbezwingbarer sie wird, mehr mit den Muskeln als mit dem Kopf.

Stärke macht Menschen dumm. Das sind gute Nachrichten für Sie, denn Sie sind nicht dumm, nicht so dumm wie die meisten wirklich starken Menschen. Da Sie sich nicht auf Ihre Stärke verlassen können, während es die anderen tun, ergibt sich für Sie die Chance, die darin liegt, dass die Starken alles außer Ihrer Stärke aufgeben.

Die Geschichte ist voller Kerle, die erst stark anfingen und sehr klug waren, sich dann aber zu Machthabern aufschwangen und Ihr Gehirn ausschalteten.

Führer	**geschickt am Anfang**	**später dumm**
Napoléon	rettete Frankreich	fiel in Russland ein
John Adams	formte die Nation	Gesetze zur Unterdrückung von Ausländern und Aufruhr
Howard Hughes	mutiger Flieger	kompletter Spinner
Michael Jackson	*Thriller*	bot kleinen Jungs „Jesussaft" d. h. Wein und Soda an
Jesse Ventura	Ringer, Schauspieler	Gouverneur von Minnesota
Bill Gates	demokratisierte Computer	Wettbewerb beschränkender Gangster

| Jack Welch | Großer CEO von General Electrics | geiler Dummkopf mit seltsamen Ansichten bei Firmenausgaben |
| Howard Dean | überraschender Spitzenkandidat | „Ich begehre auf"-Rede |

Tatsache ist, dass der Mensch von Natur aus nicht mit Stärke gesegnet ist. Wir sind eine schwache Spezies, die zu körperlichen Leiden neigt, zu Selbstzweifel, und zwischen Feigheit und Bedauern schwankt. Der Druck stark zu sein, ist enorm und den Tribut, den diejenigen dafür zahlen, dass sie Stärke bekunden – selbst diejenigen, die tatsächlich stark sind – sind Ihre Vorteile. Sie können die Stärke zu Ihrem Vorteil umwandeln und wenn nötig den muskelbepackten Koloss mit wenig Einsatz aus dem Konzept bringen.

Taktiken bei starken Feinden

- Die japanische Armee wartet in den Vororten von Tokyo auf die Ankunft von Godzilla. Dann ist er da, Godzilla!
- Die wirklich dummen Generäle schicken einen Haufen von stumpfsinnigen Idioten aus, damit sie Godzilla direkt angreifen. Sie werden alle in seinem feurigen Atem geröstet und ihre winzigen Spielzeugjeeps schmelzen zu Plastikblasen.
- Die gescheiterten Wissenschaftstypen verschanzen sich in den Bergen in ihren Bunkern, beobachten, wie die große Eidechse vom Ozean über die Hügel kommt und sich dann mit Getöse auf die Stadt senkt.
- Der Vorteil für Tokyo ist, dass Godzilla sehr groß und sehr mächtig ist. Er ist so stark, dass er am Ende sogar in der Lage ist, Mothra und Megalon zu zerstören. Bei der Vernichtung von Monstern ist Godzilla ein As.

- Godzilla mag zwar stark und groß sein, aber er ist nicht besonders klug. In jedem Film wird er in elektrischen Drähten gefangen, die ihn wütend machen, ihn schnauben und brüllen lassen, während ihn die klugen Krieger angreifen, wenn es ihm am schlechtesten geht.
- Godzilla kehrt heulend und jaulend wieder in den Ozean zurück, traurig, aber nicht weiser, weil sein winziges Hirn nicht in der Lage zu denken ist. In der nächsten Folge wird er aus mysteriösen Gründen wieder zurückkehren.

Der
verhasste Feind

Menschen können sich hassen.
Aber wenn sie in demselben Boot sitzen,
rudern sie friedlich zusammen.
Sun Tzu

Aber Hass ist eine viel erfreulichere Leidenschaft,
und sie widert niemals an: sie macht uns alle für
den Rest unseres Lebens glücklich
Lord Byron

Der Krieg hält viele Arten des Schmerzes, aber nur wenige Freuden bereit, zumindest aber bietet er die Möglichkeit laut aufschreien zu können.

Wenn Sie gegen einen Gegner, den Sie wirklich verabscheuen, in die Schlacht ziehen, werden Sie wahrscheinlich die größte Verzückung, die Sie in Ihrer Laufbahn als Krieger je erleben können als Balsam Ihrer Seele empfinden.

Verschiedene Dinge sind für diesen wichtigsten und entscheidenden Test Ihrer kriegerischen Gesinnung ausschlaggebend.

Die wichtigste Tatsache ist, dass Sie alle Zeit der Welt haben. Während Liebe wie ein Tautropfen in der Morgensonne dahinschwinden kann, währt ein guter Hass für immer, wenn Sie ihn hegen und pflegen wie ein hingebungsvoller Gärtner seine preisgekrönten Petunien umsorgt.

In diesem Fall kann der ganze Schatz an Wissen, Vorbereitung, Träumen und tödlichem Planen zum Tragen gebracht werden. Ein guter Hass, genau wie eine gute Liebe, darf nicht in einer zu schnellen Handlung verschwendet werden. Sie wollen Ihren Hass auskosten. Probieren sie ihn. Stellen Sie sich vor, wie es ist, wenn Sie ihn zum rechten Zeitpunkt sühnen.

Fragen Sie sich selbst:

Wie ist Ihr Gegner? Was mag er? Wovor fürchtet er sich? Wie lange wird es dauern, ihn in kleinen Stückchen, die wehtun, umzubringen ohne ihn sogleich zu enthaupten? Was wird ihn am meisten verletzen, ihn aber bei Bewusstsein lassen, sodass er weiß, warum ihm das angetan wird und von wem?

Welche Schritte müssen Sie selbst einleiten, damit Sie die ganze Zeit über geschützt sind, in der Sie sich vorbereiten, von hinten anschleichen, ohne dass er oder sie mit ihrem eigenen klugen Schachzug überraschen?

In welchem Verhältnis wollen Sie Überraschung und vorausschauende Angst auf ihn einwirken lassen?

Wie lange wollen Sie ihn leiden lassen? Ist das geplante Ende der Tod, die Erniedrigung oder ein Leben in Armut, dessen Zeuge Sie werden?

Taktiken bei verhassten Feinden

- Ein bezaubernder Abend, Sie sehen vielleicht einen Fremden durch einen überfüllten Raum gehen. Vom allerersten Augenblick an ist klar, dass dies ein Eindruck ist, der ewig bleiben wird.
- Vielleicht verletzt er oder sie Sie zuerst. Aber Sie reagieren nicht sofort. Sie denken nach. Was ist an dieser Person Besonderes, das Sie in der Nacht vor Wut nicht schlafen lässt?
- Sie schlagen ein wenig zurück und erringen ein paar Punkte. Er oder sie ist danach Ihnen gegenüber viel aufmerksamer. Um es in der Körpersprache auszudrücken, sie umkreisen einander.

- Und dann ... engagieren Sie sich. Es ist bereits öffentlich bekannt. Andere wissen, dass Sie beide darin verstrickt sind. Man zollt Ihnen beiden Respekt aber auch Angst, denn echter Hass ist für die Zuschauer etwas Schreckliches.
- Die Zeit verstreicht. Es gibt keine magische Kugel, die Sie dem Feind verpassen können. Das hier ist echt, das geht nicht vorüber.
- Sie werden nun zur nächsten Stufe übergehen müssen, die Stufe auf der die Positionierung und aggressive Handlungen der alltägliche Lebensstil sind.

TEIL SECHS

POSITIONIERUNG

Sei ein gutes Kind,
komm zu Papa, komm zu Papa,
na los ... lass dich umarmen,
meine Süße
Ira Gershwin

Begreifen Sie Ihre hierarchischen Strukturen

Welcher der beiden Herrscher ist vom Tao durchdrungen? Welcher der beiden Generäle hat die meisten Fähigkeiten? Wer wird von Himmel und Erde begünstigt? Auf welcher Seite wird die Disziplin rigoroser durchgesetzt? Welche Armee ist stärker? Auf welcher Seite sind die Offiziere und Männer besser trainiert? Bei welcher Armee gibt es sowohl Belohnung als auch Bestrafung mit größerer Beständigkeit?
Sun Tzu

Stelle eine dumme Frage und du bekommst eine dumme Antwort.
Meine Großmutter

Sun Tzu verbrachte auf der Suche nach guten Generälen sehr viel Zeit. Wer auf gute Generäle wartet, um Schlachten führen zu können, ist wie ein Pokerspieler, der darauf wartet, dass er gute Karten hat, bevor er seinen Einsatz macht.

Sie sind nicht Ihr Chef, und sein oder ihr Schicksal ist nicht das Ihrige. Während sich der Chef auf Ihren Tod vorbereitet, können Sie sich mit der Ausarbeitung Ihrer eigenen Zukunft entschuldigen, und falls nötig seine vernichten. Das klingt kalt, aber in Kriegszeiten – bei der Arbeit und bei jedem Anlass – ist Loyalität gegenüber der Autorität eine einfache Berechnung für diejenigen, die von der Idee ein Dummkopf zu sein nicht gerade begeistert sind.

Loyalität: Sie bekommen, was Sie verdienen

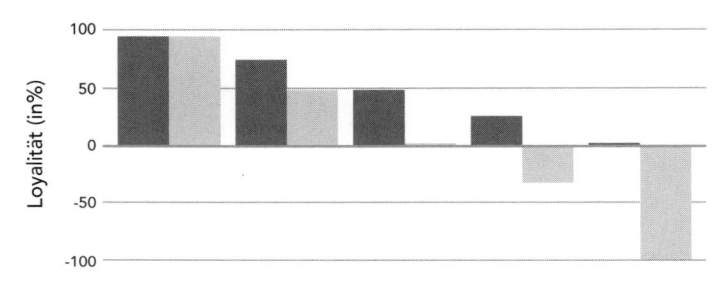

■ Deren Loyalität Ihnen gegenüber
▫ Ihre Loyalität denen gegenüber

Um sich so zu verhalten zu können, müssen Sie zuerst Ihre eigene Organisation besser kennen als die Ihres Feindes. Das Erste, was Sie zur Eroberung der Feinde brauchen, sind die Jungs auf Ihrer Seite. Ok, es sind keine wirklichen Feinde per se, aber dennoch sind Sie auch nicht Ihre richtigen Freunde, selbst wenn Sie mit Ihnen einen trinken gehen, planen oder herumhängen. In dem tragischen Irrglauben, dass ihr Schicksal genauso wichtig ist wie Ihres, mühen sich diese Leute ab. Deren Schicksal ist aber nicht so wichtig.

Wenn Sie ein Krieger sein und nicht als Soldat in irgendeiner Armee dienen wollen, müssen Sie sich an die folgende Idee gewöhnen:

Relative Bedeutung in Kriegszeiten

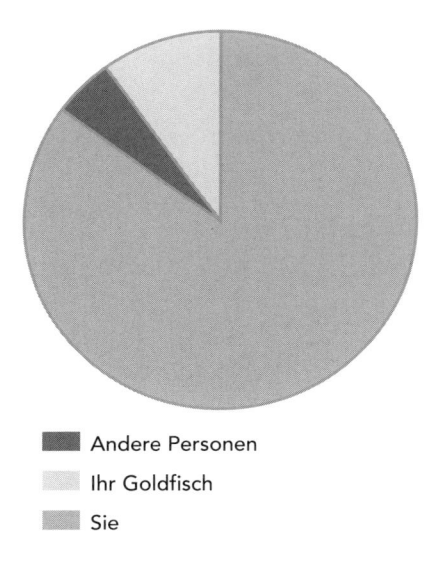

■ Andere Personen
▫ Ihr Goldfisch
■ Sie

Richtig. Sie sind viel wichtiger als irgendjemand sonst. Das ist die Regel Nummer 1, wenn Sie sich in einer Schlacht aufstellen wollen.

Die Vorrangstellung Ihrer eigenen Person entbehrt nicht gewisser Schlussfolgerungen:

1. Sie müssen leben.
2. Wenn andere sterben müssen, so können Sie leben, so ist das.
3. Wer weit weg ist, wenn die Bomben fallen, kommt meistens später dazu; wer dagegen nahe an der Explosion ist, bekommt sie manchmal gar nicht mehr mit; es ist deshalb keine schlechte Idee, wenn Sie sich nach Möglichkeit fernab der schlimmsten Kämpfe aufhalten.
4. Das ist nur möglich, wenn Sie über die Macht verfügen, Teile der Schlacht an andere zu delegieren, oder die Faustschläge so dirigieren, dass Ihre eigene Nase nicht getroffen wird.

5. Sie fühlen sich deshalb auch nicht schlecht, denn Ihr eigenes Wohlergehen ist die Hauptsache und Sie tun immer das Richtige, solange Sie das tun, was Sie für richtig halten.

Sie müssen Ihr Unternehmen erst einmal begreifen, bevor Sie diese fünf wichtigen Punkte als Grundprinzipien auf Ihrem Schachbrett aufstellen. Wenn Sie Ihre Organisation kennen, sind Sie in der Lage die anderen zu Ihrem Besten zu manipulieren.

Nun, lieber Krieger, ich beziehe mich hier nicht auf ein rationales objektives Organisationsdiagramm, auf das sich jemand beziehen könnte, wenn er die Dateien aus Ihrem Personalreferat klauen würde:

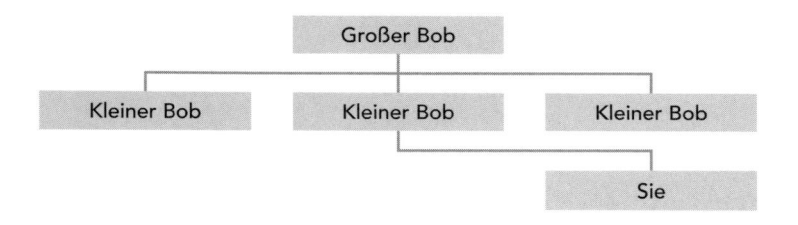

```
                    Großer Bob
                   /    |     \
         Kleiner Bob  Kleiner Bob  Kleiner Bob
                                      |
                                     Sie
```

Natürlich müssen Sie die obige Darstellung studieren und zweifellos deren Gesamtheit an heftigen Auswirkungen begreifen. Ganz offensichtlich ist Ihre Auswirkung komplexer und subtiler, als die von mir dargebotene. Es ist absolut nötig, dass Sie darüber nachdenken, wie die Struktur beschaffen ist, und was die konkreten Formen und Beziehungen für Sie bedeuten.

Sie sollten jeden Tag einen Blick darauf werfen und nicht wegschauen. Den Rest Ihres Lebens müssen Sie schauen und nochmals schauen und natürlich denken. Wer würde mit Ihnen kämpfen? Haben Sie auf Ihren Rücken geachtet? Werden Sie innerhalb von Sekunden getötet werden?

Haben Sie sich alles genau angesehen und durchdacht, wissen was nötig und gut ist, haben genau verstanden, wer was darstellt, und was für Sie Stück für Stück zu Ihrem Vorteil ausgebaut werden kann, dann ist es Zeit zu folgendem Modell überzugehen:

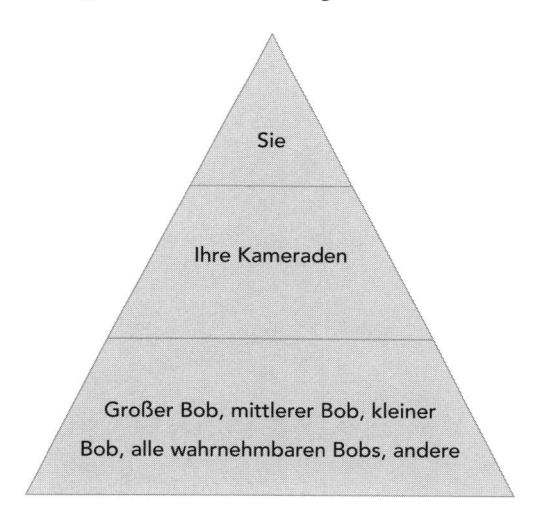

```
                    /\
                   /  \
                  / Sie \
                 /------\
                /        \
               / Ihre     \
              / Kameraden  \
             /--------------\
            /                \
           / Großer Bob,      \
          / mittlerer Bob,     \
         / kleiner Bob, alle    \
        / wahrnehmbaren Bobs,    \
       /  andere                  \
      /_____\
```

Wenn Sie nicht vorhaben, in dieser Reihenfolge vorzugehen, dann mein Lieber, muss ich Ihnen sagen, dass Sie Ihre Zeit in diesem Kriegshandwerk verschwenden. Dann seien Sie in Ihrem Arbeitsleben, was Sie wollen. Es gibt genügend Schlupflöcher für übersensible Menschen, die zu viele Bedenken haben, nicht gewalttätig und für eigenes Schicksal zu schlecht gerüstet sind, um ein Krieger zu sein. Sie könnten einer von denen sein.

Auch so kann man leben, sicherlich.

Und der Rest von Ihnen? Wir wollen nun alle beweglichen Teile in Position bringen, damit unsere Aussichten auf Erfolg optimiert werden.

Shih Tzu?

*Der helle und der dunkle Kreis erneuern
sich gegenseitig, da ein Kreis kein Ende
und keinen Anfang hat.*
Sun Tzu

*Die Kunst des Krieges ist ziemlich einfach.
Finden Sie heraus, wo der Feind ist.
Schnappen Sie sich ihn, so schnell Sie können.
Schlagen Sie ihn, so hart Sie können und
bleiben Sie in Bewegung.*
Ulysses S. Grant

Ulysses S. Grant war ein fürchterlicher Politiker, wahrscheinlich einer der schlechtesten Präsidenten, die Amerika jemals hatte. Er war aber ein großartiger General. Auf dem Höhepunkt des Bürgerkrieges als es für die Truppen der Union ziemlich düster aussah, beförderte Lincoln Grant zum Befehlshaber der Unionsarmeen. Kritiker äußerten dem Präsidenten gegenüber ihre Bedenken und teilten ihm die Schwächen des Generals mit, der unter anderem an Trunksucht litt. „Findet heraus, was er trinkt", war die Antwort Lincolns, „damit ich das auch den anderen Generälen verabreichen kann".

Die Trunksucht war es wahrscheinlich, die Grant an den Rand des Abgrunds trieb. Shih ist der äußerste Rand an einem Abgrund – sozusagen die Haltung, in der man vergisst über Stärke und Aggressivität nachzudenken, und sich nur noch auf das Wo, Wann und Wie einer

Schlacht konzentriert. Das ist sehr wichtig. Wer Shih richtig begriffen hat, kann eine steile Karriere machen und sich auf alles Erdenkliche vorbereiten, bevor der eigentliche Kampf beginnt.

Sun Tzu sagt:
Das Tosen des Wassers, das sogar Felsen mit sich reißt, das ist Shih.

Das Herabstoßen eines Falken, der seine Beute tötet. Das ist der Punkt.

Deshalb ist ein geschickter Kämpfer tief in seinem Shih. Er kommt schnell auf den Punkt.

Shih ist wie das Spannen einer Armbrust. Der richtige Zeitpunkt ist der Zug am Auslöser.

Verstanden? Natürlich haben Sie es kapiert. Sie haben Ihr ganzes Berufsleben damit verbracht. Sie haben sich vorbereitet, damit Sie sich rechtzeitig in Stellung bringen konnten, sobald wichtige Konferenzen oder Auseinandersetzungen stattfanden.
Sehen Sie dem ins Auge, Sie sind voller Shih.
Während der letzten zwanzig Jahre habe ich fast jeden Tag mehr oder weniger über Shih und dessen Aspekte nachgedacht. Shih-Topics, die für mich heute und gestern von Bedeutung waren, sehen folgendermaßen aus:

1. Ein guter Telefonanruf
2. Teilnahme an ausgezeichneten Meetings
3. Das Tao des Mittagessens
4. Trinken bei der Arbeit.

5. Sauberes und unanständiges Schlürfen
6. Büromöbel als Machtinstrument
7. Die Kunst der internen Kommunikation
8. Verunsicherung von Gegnern, ohne dabei entdeckt zu werden
9. Spesenkonto: Was soll damit sein?
10. Leben auf der Straße und andere große Gefahren
11. Nichtssagende Direktoren und wie man mit ihnen umgeht
12. Was tun, wenn dein „Rabbi" gefeuert wird?

Es kann natürlich passieren, dass Sie vor lauter Shih irgendwann den entscheidenden Zeitpunkt übersehen, wie es der Meister bei dem Falken beschrieben hat. Das ganze Shih der Welt nützt Ihnen nichts, wenn Sie nicht im richtigen Augenblick abdrücken.

Denken Sie nie daran einen Feind anzugreifen, der gerade sehr stark ist, greifen Sie ihn dann an, wenn er es nicht ist. Das ist ein faszinierender Aspekt und Sie werden feststellen, dass es ein nützlicher ist.

„Um so voranzukommen, dass sich kein Widerstand bildet, richte dich auf die Leere aus. Der kluge General formt die anderen, aber er selbst ist ohne Form", schrieb Sun Tzu.

Mir gefällt die Idee andere zu formen ohne sich selbst in eine Form bringen zu müssen. Wie das allerdings auf muskelbepackte Menschen voller Aggressivität anzuwenden ist, überlasse ich Ihnen und Ihrer Fantasie. Meist sind diese Menschen im Grunde genommen ein Nichts, abgesehen von ihren Muskelbergen. Also ehrlich, ich habe keine Idee, wie Sun Tzus Auffassung hier funktionieren soll.

Nun, ich finde die Idee anzugreifen, wo der andere Kerl gerade nicht ist, auch spannend, aber ehrlich gesagt frage ich mich dann, wo ist er denn bloß, nachdem ich ihn angegriffen habe.

Die Schlachtformation

*Das sind die verschiedenen Arten des Geländes:
zugänglich, hinderlich, ausgeglichen, eng, steil,
weit und nah. Der gute General weiß, auf
welchem Gelände er kämpfen muss.*
Sun Tzu

*Wir ziehen uns nicht zurück. Wir rücken nur in
einer anderen Richtung vor.*
General Douglas MacArthur

Es ist jetzt wichtig, dass wir zwei Unterscheidungen treffen, die für Ihren Kriegszug entscheidend sind und zwar noch, bevor er beginnt:

1. Aggression
2. Dummheit

Der aggressive Krieger verbringt genug Zeit bei seinem Shih, um zu wissen, dass er nicht in das Ende eines Bajonetts laufen wird.

Der dumme Krieger ignoriert das Shih und endet, indem er sich selbst vom Gegner aufspießen lässt. Oh, das tut weh.

Vor ungefähr einhundertfünfzig Jahren kämpfte die angriffslustige und tapfere britische Armee gegen die Russen an einem Ort, der als das Tal des Todes berühmt wurde. Aber das ist jetzt ein schlechter Anfang.

Also, diese gut gerüsteten, intelligenten und mutigen Streitkräfte der Briten ritten direkt in einen Hinterhalt, der sich in einem Kessel befand. Die Briten konnten nach Belieben abgeschlachtet werden und das wurden sie auch, und zwar alle. Das Beste, was ihnen passieren konnte, war ein kurzes Gedicht, das von Tennyson zum Gedenken ihrer Dummheit, Verzeihung, ich meinte, ihres Heldentums, verfasst wurde.

Im Geschäftsleben, und darüber sollten wir gelegentlich sprechen, finden wir zuhauf entmutigende Beispiele von Kerlen, die einen gerechten Kampf am falschen Platz austrugen.

Mein alter Vorstandvorsitzender beispielsweise gewann eine wichtige Schlacht gegen seinen damaligen unwägbaren Gegner, indem er seinen Chef – jeder hat einen – bei einem Golfkurs außerhalb von Pittsburgh anpöbelte und dem alten Mann ein Abkommen über den Kauf einer Zweigstelle abtrotzte, die er gern haben wollte. Der damalige Gegner wurde später der Vorsitzende meines Vorsitzenden und ließ dessen Kopf rollen, indem er die Zweigstelle, die damals so schlau gewonnen worden war, einfach abstieß. Das Terrain wechselte und damit änderte sich alles.

Tatsache ist, dass in den letzten hundert Jahren Fusionen über Fusionen stattgefunden haben. Die Grundlage waren Vermutungen über vermeintlich hoffnungsvolle Geschäftsbereiche, ohne konkrete Informationen zu besitzen oder weil man einfach verführt worden war. Andere wiederum, wie die Hochzeit von Daimler und Chrysler beweist, prüften das Spielfeld ganz genau und dabei kam eine nette neue Firma heraus, die bessere Autos herstellt, wie jeder, der kürzlich einen PT Cruiser gefahren hat, bestätigen kann.

Das ist allerdings ein Ausnahmebeispiel. Die meisten Fusionen sind Eroberungskriege, die aus falschen Anlässen unternommen und von einer oder zwei Parteien ausgefochten werden, bis sich herausstellt, dass das eroberte Terrain doch nicht das ist, was es zunächst zu sein schien.

Es ist schwer, hier allzu ernsthaft zu sein. Es ist einfach die Wirklichkeit zu sehen, wenn das vorgegebene Terrain nach der Schlacht mit Leichen nur so übersät ist.

Da Sie sicher nicht eine dieser Leichen sein wollen, die langsam in der Sonne verwesen und deren Augäpfel von großen hässlichen Vögeln gefressen werden, wäre es ratsam sich zuerst Gedanken über das Kampfgebiet zu machen, bevor Sie Aufstellung nehmen und in die Schlacht ziehen. Sie müssen das Terrain genau kennen und vor allem wissen, wie man darauf agiert. Für ein paar Augenblicke wollen wir einmal Hasenfüße sein und Herrn Tzus Vorschläge für eine rasche Beurteilung einer Situation anwenden. Es ist natürlich schwer, die strategischen Überlegungen des Meisters in einer realen Welt anzuwenden, aber wir wollen es trotzdem versuchen.

Zugängliches Terrain: Leute kommen und gehen nach Lust und Laune. Das ist ein normales Terrain für das alltägliche Geschäft. Sun Tzu sagt, dass wir aggressiv sein sollen. Wir sollten außerdem höher gelegenes Gelände bevorzugen, weil dies die vorteilhaftere Ausgangsposition für eine Schlacht wäre.

Gut, wo liegt nun dieses Gelände? Seit Sun Tzu hat sich das Konzept doch etwas geändert.

Chin. Kriegsherr der Antike	Vorteil	heutiger Krieger
Gute Anhöhe	man sieht den Feind kommen	Gutes Aussehen, ausgezeichnet im e-Mail-Schreiben, Spione
Guter Platz für eine Festungsanlage	schwer anzugreifen, leicht anzugreifen	Elegantes Büro mit ansprechender Einrichtung

Sicher für Vorräte	einfach einzurichten, ständige Präsenz	Unangreifbares Spesenkonto
Erleichterung für Angriff/Rückzug	andere töten, während man selbst in Sicherheit ist, nur geringer Verlust an eigenen Männern/Vorräten	Gute Fähigkeiten zum Delegieren, genügend Personal, um Verluste und Überläufer zu verkraften
Einschüchterung des Feindes	die Möglichkeit, in ein ungewolltes Gefecht verwickelt zu werden, zu minimieren	Gutes Profil intern und nach außen

Hoch gelegenes Terrain bedeutet demnach, egal wie man es auffassen will, dass man bessere Informationen hat und auch mehr Macht in normalen Situationen, was den Vorteil bringt, dass man in der Lage ist, den Zeitpunkt und die Bedingungen der Schlacht, des Rückzugs und der Vorratshaltung festsetzt.

Hinderliches Terrain: Um es mit den Worten eines Jammerlappens auszudrücken, handelt es sich um ein Gebiet, das leicht zugänglich, aber für den Rückzug schwierig ist. Sollte der Feind unvorbereitet sein, können Sie sich zu erkennen geben und den Feind angreifen, sagt Sun Tzu, und schließt einen Erfolg nicht aus. Andererseits könnten Sie untergehen und verlieren, sollte der Feind vorbereitet sein. Da die bloße Chance auf eine Auseinandersetzung ohne sofortigen Erfolg eine Schlacht unmöglich macht, und es keine Möglichkeit für eine Flucht oder einen Rückzug gibt, ist dieses Gelände völlig ungeeignet.

Sehen wir uns Folgendes an: Comcast[38] beschließt, für Disney ein Gebot abzugeben. Sie schicken ein Angebot raus, und merken dann, dass es viel zu niedrig ist, hoppla, zu spät, sie sind schon in der Falle.

So, das Angebot ist bekannt und kann nicht mehr zurückgezogen werden. Wie oft ist Ihnen das schon passiert? Sie müssen jeden Tag eine ganze Reihe von Entscheidungen treffen. Sobald Sie sich entschieden haben, und Ihre Entscheidung mitteilen, gibt es kein Zurück mehr. Mitunter können Sie Ihre Entscheidung rückgängig machen, aber meistens ist das nicht so leicht. Wäre das nicht ein Grund sich zurückzuhalten, wenn die Sache nicht so ansprechend ist?

Nun, bis zu einem gewissen Grad ja, selbst wenn Sie kein kompletter Hasenfuß wie unser Tzu Weichei sind.

Aber wer einfach nur beschließt, dass ein hinderliches Terrain für eine Schlacht ungeeignet ist, gerät leicht in den Ruf so zurückhaltend wie ein Japaner zu sein, von denen bekannt ist, dass Sie jeder Entscheidung aus dem Weg gehen.

So sieht die Sache aus:

Ausgeglichenes Gelände: In diesem Szenario tauchen beide Kontrahenten gleichzeitig auf und sehen sich an. Wenn seine Streitkräfte schwächer sind als die Ihren, können Sie angreifen. Doch Vorsicht, Sie wissen nicht, was er hinter den Bäumen – oder im Büro – versteckt hat. Wieder hat der Meister recht, wenn er behauptet, dass es nicht der richtige Zeitpunkt ist um mit dem Feind zu kämpfen. Aber los, nun machen Sie schon. Dann ist es eben nicht vorteilhaft.

Ich bin von dem ganzen Terraingeschwafele angewidert. Ich möchte jetzt einfach nach draußen gehen und jemanden zusammenschlagen. Los, gehen wir.

---

[38] Comcast Kabel und Breitbandprovider mit Sitz in Philadelphia.

Täuschung

Jede Kriegführung beruht auf Täuschung.
Wenn du in der Lage bist, anzugreifen,
greife nicht an. Wenn du Streitkräfte aufstellst,
täusche Untätigkeit vor, wenn du nahe bist,
überzeuge den Feind, dass du fern bist;
wenn du fern bist, zeige ihm, dass du nahe bist.
Lege Köder aus, um ihn anzulocken.
Täusche Chaos vor und vernichte ihn:
wenn er wütend ist, stachele ihn an.
Sun Tzu

Runter mit ihrem Kopf!
Die rote Königin

Täuschung ist nur so lange gut, als Sie selbst nicht an Ihre eigene Täuschung glauben und davon gefangen sind.

Ich will Ihnen erklären, was ich damit meine. Als ich ein junger Mann war, beschloss ich, dass ich keine Lust hatte abzuwaschen. Ich aß alle Teller leer, aber wenn das Essen vorüber war, wollte ich die Teller nicht abwaschen. Andrerseits wollte ich aber auch nicht von schmutzigen Tellern essen. Wie jeder vernünftige Mensch mag ich saubere Teller, aber Abwaschen mochte ich nicht.

Das führte dazu, dass es zwischen mir und der Person, mit der ich zusammenlebte, zu Auseinandersetzungen kam. „Warum wäschst du heute nicht mal zur Abwechslung ab", fragte sie immer wieder. Es fiel mir nicht leicht, eine passende Ausrede zu finden. „Ich mag nicht", war nicht ausreichend. Es waren die siebziger Jahre und es war (in Amerika) keineswegs mehr selbstverständlich, dass eine Frau dem Mann hinterher räumte. Es gab weder ein rationales Argument noch ein sicheres.

Deshalb entwickelte ich eine Strategie, die ich später auf eine Vielzahl von Hausarbeiten ausdehnte und auf alles, was für mich im Leben lästig war. Ich stellte mich bei allem, was ich tat, so dumm an, dass ich schließlich um nichts mehr gebeten wurde.

Inzwischen war ich Ende dreißig, als ich nur noch selten gebeten wurde das Geschirr abzuwaschen (einschließlich des Befüllens des Geschirrspülers), den Teppich zu saugen, die Scheckbücher zu führen, Rechnungen am Ende des Monats zu bezahlen oder Schnee zu schaufeln.

Das Problem, das aus diesen Täuschungsmanövern erwuchs, war folgendes: Ich entwickelte mich zu einem Menschen, der allem aus dem Weg ging. Ich beherrschte die Kunst der richtigen Worte am richtigen Platz. Ich hielt nur noch nach meinem Vorteil Ausschau.

Hier sind die Probleme, die einem Täuschungsmanöver innewohnen:

› Wie ich schon sagte, werden Sie zu einer hinterlistigen Person. Hinterlistige Personen haben es wesentlich schwerer Loyalität anderer zu verdiene und das aus gutem Grund – sie sind Lügner!

› Sie werden zu den Lügen, die Sie erzählen, weil es einfacher ist nach der Lüge zu leben, als darüber nachzudenken, was die Wahrheit ist und was nicht. Es fing bei mir damit an, dass ich mich um Dinge drückte, die ich nicht mochte, wie ich schon erwähnte, indem ich vorgab unfähig zu sein. Heute stinkt es mir bereits.

> Sie werden erwischt. Ich wiederhole noch einmal, Sie werden erwischt. Und dann traut Ihnen niemand mehr. Wer Ihnen zuerst misstraut, sind nicht Ihre Feinde, die Sie ganz erfolgreich an der Nase herumführen, sondern Ihre Freunde, Menschen, die Sie lieben.

> Dann fangen Sie an, sich selbst zu hassen. Mitten in Ihrer Karriere, deren Motor eine Orgie an Selbstliebe ist, werden Sie sich hassen. Glauben Sie mir, diese Verachtung, die Sie sich selbst gegenüber empfinden, macht Sie zu einem wehrlosen Kämpfer.

> Sie werden feststellen, dass Sie mehr Zeit mit Täuschungsmanövern verbringen als mit der Ermordung anderer Personen. Das ist eine Verschwendung von Zeit und Begabung, wissen Sie das?

> Wenn es so weit ist, dass Sie andere Leute in den Krieg führen, oder Sie gerade an der Kippe stehen, sollten Sie nicht vergessen, dass Sie Ihre Feinde täuschen sollen, aber nicht Ihre Freunde. Sie denken, das ist möglich. Aber wer bereits geübt ist, andere zu täuschen, verliert die Fähigkeit aufrichtig zu sein, und zwar jedem gegenüber.

> Und wenn Sie schließlich den Krieg tatsächlich gewonnen haben und das eroberte Gebiet regieren müssen, mutieren Sie zum einem jämmerlichen Verlierer, der mit dem gewonnenen Spielzeug nichts anzufangen weiß.

Viele Menschen lieben diesen Teil der Sun-Tzu-Doktrin, weil sie gelernt haben ein Wiesel zu sein anstelle eine Adlers.

Und ich? Ich möchte wissen, ob ich ein Kerl bin oder nicht und gehe geradewegs auf einen Burschen zu, und weiß, dass er, wenn ich ihn hart genug stoße, zu Boden gehen und im Dreck liegend nach seiner

Mama schreien wird. Durch das ganze Tao des Täuschens werden Sie nie so weit kommen wie ich.

Schließlich sind Lügen nur eine Verteidigung, aber die Wahrheit ist die beste Angriffswaffe.

Teil Sieben

Krieg

*Omen, die mit einem Bann belegen
und abergläubische Zweifel und der Tod selbst
verlieren ihren Furcht einflößenden Aspekt*
Sun Tzu

Die Götter müssen verrückt sein.
Afrikanisches Sprichwort

Anpassung an den Feind

*Sehen Sie mir zu,
wie ich das Kaninchen aus dem Hut ziehe.
Nichts ist in meinem Ärmel ... presto!
Hoppla. Der falsche Hut.*
Bullwinkle T. Moose

Eine der Qualitäten eines erfolgreichen Geschäftsmannes ist ein gewisser verrückter Starrsinn des Charakters – was auf die meisten zutrifft, die einen gewissen Status erreicht haben. Denken Sie darüber nach. Sie haben in Ihrer Karriere einen bestimmten Punkt erreicht, weil Sie das Spiel auf eine bestimmte Weise gespielt haben. Und Sie denken jetzt nicht daran, dieses Spiel zu ändern, Sie sind in Ihren Gewohnheiten festgefahren.

Diese Steifheit der Persönlichkeit rührt daher, dass diese Personen immer 100 Prozent sie selbst waren, egal wie bedauerlich eine Sache auch sein mochte. Offensichtlich wird dies bei Personen, die sehr viel Energie ausstrahlen. Solche Leute scheren sich nicht um das, was um sie herum vorgeht. Sie bleiben, wie sie sind.

Es gibt natürlich Vor- und Nachteile bei autoritären, etwas festgefahrenen Persönlichkeiten:

Gute Seiten	**Schlechte Seiten**
Bleiben bei ihrer Aussage	geben niemals einen Fehler zu

Glauben an sich	sogar wenn sie es lieber nicht tun sollten
Entscheidungsfreudig	impulsiv
Kühn	tollkühn
Nehmen ein Nein nicht hin	hören nicht zu
Zäh	boshaft
Übernehmen Verantwortung	denken, nur sie alleine hätten Ideen
Fantasievoll	voller Wahnvorstellungen

Zwei Dinge liegen nahe bei dieser Aufstellung von guten und schlechten Seiten:

1. Solche Menschen benötigen ein rigoroses Management bei ihren Untergebenen, damit sie sich nicht selbst ins Bein schießen und zwar wörtlich genommen. Die Kontrolle über solch durchgeknallte Typen obliegt nicht deren Vorgesetzten – die sich im Allgemeinen auf deren Verrücktheit verlassen – sondern uns, die wir ihnen dienen. Jeder der negativen Züge bietet dem gerissenen und kühnen Krieger die Gelegenheit seinem Herrn zu dienen (d. h. ihn zu manipulieren).
Sollten diese Menschen stur sein, ist es ratsam, sie darüber auf dem Laufenden zu halten, wer sie aus dem Weg räumen möchte. Sind diese Typen dann widerwillig in eine bessere Position aufgestiegen, werden diese sich vielleicht für einen Augenblick daran erinnern, was Sie alles geleistet haben und Ihren Einsatz möglicherweise sogar schätzen.
Wenn diese Typen jedoch voller Wahnvorstellungen sind, müssen Sie ihnen die Augen öffnen oder auch nicht, je nach Gelegenheit.
Und denken Sie daran – jede Schwäche und bizarre Verhalten eines Vorgesetzten stellt kein Problem dar, sondern die Chance für Sie, diese Kräfte zu leiten, die eigentlich darauf abzielten, Sie zu leiten!

2. Ihre Kriegsbemühungen könnten schwierig werden, es sei denn die Starrheit des Generals kann ein wenig gelockert werden (oder Ihre eigene, falls Sie der General sind). Sun Tzu hat, wenn es um Strategie und Taktik ging, in seiner ihm eigenen schwierigen und unverständlichen Weise wiederholt darauf hingewiesen, dass ein Krieger improvisieren muss, und was noch wichtiger ist, zwischen orthodox und unorthodox, zwischen dem Erwarteten und dem Unerwarteten hin und her zu wechseln hat.

Ein solch wechselhaftes Verhalten ist für einen Krieger wie Sie, der an dem Althergebrachten festhält, schwer nachzuvollziehen. Sind Sie einer dieser Sorte, sollten Sie berücksichtigen, dass es zu Ihrem Vorteil ist, wenn Sie bei der aktiven Verfolgung des Krieges, den Sie jetzt unternehmen wollen, Ihre eigene Persönlichkeit umformen. Dadurch sind Sie in der Lage sich dem Feind in seinen Bewegungen und Änderungen anzupassen. Es hängt nun davon ab, wie Sie sich auf die Stärke oder Schwäche, die zurückhaltende oder aggressive Vorgehensweise des Feindes einstellen.

Die Anpassung ist das Gegenteil von Starrheit. Sie können sich diese Eigenschaft aneignen, indem Sie die folgenden Schritte jeden Tag üben:

> Hören Sie einmal pro Tag mindestens für fünf Minuten anderen Leuten zu. Es kann sein, dass Sie nur langweiliges, dummes, völlig verdrehtes, widerliches oder verachtenswertes Zeug daherreden. Hören Sie trotzdem zu. Und wenn Sie zuhören, sollten Sie etwas von dem Gesagten in sich aufnehmen. Es wird Sie ein wenig verändern. Durch das bloße Zuhören verändern Sie sich Stück für Stück, selbst wenn es Ihnen bis dahin fremd gewesen sein sollte anderen überhaupt zuzuhören.

> Betrachten Sie Ihren Feind und überlegen Sie, was er vorhat. Und denken Sie dabei Folgendes: „Was würde ich tun, wenn ich nicht vollständig überzeugt davon wäre, dass ich die ganze Zeit das Richtige tue? Würde ich meine Pläne oder Methoden ändern?" Selbst wenn das bedeuten würde, dass Sie jeden Tag die Farbe Ihrer Socken wechseln müssten, dann sollten Sie es tun. Sie sollten an sich selbst arbeiten, sozusagen als Antwort dessen, was Sie an Ihrem Feind entdeckt haben. Gehören Sie zu den Frühaufstehern, die morgens schon munter sind, Ihr Feind aber erst um die Mittagszeit aktiv wird, empfiehlt es sich, dass Sie beim Frühstück mehr trödeln und erst dann erscheinen, wenn der Feind ins Büro kommt. Neigt Ihr Feind dazu, den Medien Informationen zuzuspielen, was Sie auf den Tod nicht ausstehen können, versuchen Sie ihn doch mit den eigenen Waffen zu schlagen.

> Ändern Sie allmählich Ihre Essgewohnheiten. Achten Sie darauf, was Sie essen und stopfen Sie nicht irgendwas in sich hinein. Haben Sie als Frau bisher nur Obst und Joghurt zum Frühstück zu sich genommen, versuchen Sie es doch mit Toastbrot und ein wenig Schinken. Ich meine, Sie sollten flexibler werden, und lernen sich neuen Situationen anzupassen. Die Welt ist ein weites Feld unterschiedlicher Optionen und es gibt viele Arten etwas zu tun. Wenn Sie das begriffen haben, werden Sie auf unterschiedliche Weise reagieren können und sich nicht schablonenartig verhalten.

> Einmal in der Woche sollten Sie andere um Vorschläge bitten und diese auch befolgen, selbst wenn es Ihnen schwer fällt. Warten Sie ab, was passiert.

> Kaufen Sie sich einen Hut. Nein, keine Baseballmütze, solche Dinger trägt doch jeder und die meisten sehen damit so schrecklich aus wie

Michael Moore. Nein, kaufen Sie sich einen Filzhut, einen Sonnenhut oder Strohhut, den Sie am Wochenende tragen. Nach einiger Zeit werden Sie sich mit dem neuen Hut ganz anders fühlen. Und genau darauf kommt es an – sich anders zu fühlen.

› Wenn Sie Opern nicht ausstehen können, gehen Sie in eine. Besuchen Sie ein Fußballspiel, wenn Sie Fußball nicht leiden können. Nehmen Sie Gesangsstunden, wenn Sie unmusikalisch sind. Unternehmen Sie mit Ihrem Ehepartner, sollten Sie verheiratet sein, etwas Ausgefallenes, fahren Sie zum Camping, beobachten Sie den Sonnenaufgang oder essen Sie einfach einen Pfirsich.

Ihr Feind konfrontiert Sie jeden Tag mit neuen Optionen und Herausforderungen. Wenn Sie darauf in gewohnter Weise reagieren, sind Sie berechenbar und ein berechenbarer Feind ist leicht zu schlagen. Überraschen Sie Ihre Kontrahenten und verlassen Sie alte ausgetretene Pfade.

Kurz zusammengefasst sind hier die Dinge aufgeführt, die im Krieg und im Geschäft erwartet werden:

Was bei einem Anführer berechenbar sein sollte

› Gewalt wird mit Gewalt beantwortet
› Truppen werden rechtzeitig bezahlt
› Kein Weinen
› Für gewöhnlich konstantes Körpergewicht
› Für gewöhnlich konstante Arbeitsstunden
› Kein Gesang außer bei öffentlichen Anlässen
› Keine Luftgitarre im Büro
› Keine Schimpfworte außer unter extremem Stress

› Gleichbleibende Kleidung in Übereinstimmung mit den Firmenwerten
› Ausdrücke des Respekts für Behörden

was nicht sein darf:

Was nicht völlig vorhersehbar sein darf

› Aggressionsverhalten
› Vergeltungstaktiken
› Ess- und Trinkgewohnheiten
› Stimmung
› Vorbereitungen für die Schlacht
› Großzügige Gesten
› Anstellen von öffentlichen, reiflichen Überlegungen
› Wann er oder sie losbrüllen wird

Diese Mischung aus vorhersehbar und unberechenbar ist ein wichtiger Teil von Ihnen, wenn Sie ein Krieger werden wollen. Um dieses Ziel auch zu erreichen, müssen Sie sich auf Ihre Freunde und Feinde gleichermaßen einstellen können. Sie müssen sich außerdem auf das physische, emotionale, finanzielle und intellektuelle Umfeld einstimmen, in dem Sie Ihren Krieg führen wollen und sich dementsprechend anpassen. Klingt hart, oder? Ist es aber nicht, vor allem dann nicht, wenn Sie den Elementen ins Auge schauen, einen lauten Schrei loslassen und das Chaos umarmen, das sich menschlicher Konflikt nennt.

Das ist Krieg und kein Spaziergang im Park! Deshalb sind Sie hier – Krieg ist der niedrigste und höchste Ausdruck des Lebewesens Bestie, die wir nun mal sind. Es ist die Zivilisation, in der wir leben und sterben. Bringen wir es hinter uns!

Krieg
durch Zahlen

Er hatte so viele getötet und zu Fall gebracht,
dass sein Schwert entzwei brach.
Am Ende dachte er, dass er für einen Tag
genug getötet und massakriert habe,
und dass der Rest deshalb entfliehen dürfe,
um die Nachrichten zu verbreiten.
François Rabelais, Gargantua

1. Legen Sie Ihre Ziele fest und rechnen Sie aus, wie Sie diese erreichen können, unter der Voraussetzung, dass der Feind nicht unbedingt am Leben bleiben muss, zumindest nicht am Anfang.

2. Was wollen Sie? Gebiete? Den Tod von Tausenden? Gold? Das sind große Träume. Es lohnt sich nicht für unwirkliche und alberne Ziele in den Krieg zu ziehen.

3. Hier sind nun einige Ziele genannt, die bei berühmten Kriegen gesteckt wurden, von denen Sie vielleicht schon gehört haben.

Krieg	**Ziel**
Trojanischer Krieg	Zerstörung Trojas/Treffen mit Helena
US-amerikanischer Bürgerkrieg	Abfallen von/Retten der Union
Spanischer Erbfolgekrieg	Spanische Thronfolge

4. Kriegserklärung: Am besten sollten Sie dies sofort tun, nachdem Sie Ihre erste Großoffensive gestartet haben. Krieg wird normalerweise gleichzeitig mit dem Einsetzen der Kampfhandlungen auch erklärt. Das gehört einfach zusammen. Beides zeigt, dass Sie Business meinen. Also denken Sie darüber nach, wen Ihr erster Schuss treffen soll.

5. Nun ergreifen Sie die Offensive: Sowohl Feinde als auch Freunde wurden über die Gräuel und Freuden des Krieges, der ihnen bevorsteht, unterrichtet, damit sich jeder rechtzeitig darauf einstellen und freuen kann. Das ist genau der Zeitpunkt, an dem der Angreifer die größten Gewinne einheimsen kann, denn noch ist nicht allzu viel Blut vergossen worden und jeder hat bereits vergessen, worum es überhaupt geht.

6. Noch ein zusätzliches Wort dazu. Sollten Sie zwischen der Rolle des Angreifers oder des Verteidigers zu wählen haben, empfehle ich Ihnen die erste Rolle. Die einzige Hoffnung, die ein Verteidiger haben kann, ist nicht zu verlieren. Ich denke, Sie verstehen den Unterschied. Greifen Sie jeden Tag möglichst früh und oft an. Der Krieg gehört den Schnellen und Fiesen.

7. Sammeln Sie Verbündete: Sobald Sie Aggression und die Bereitschaft andere zu verletzen gezeigt haben, werden Sie augenblicklich für andere attraktiv, die sich einen Vorteil für sich selbst ausrechnen. Solche Leute nennt man Verbündete. Sie sind zwar nicht wie gute Freunde oder Untergebene, die bereits sind für Sie Ihr Leben zu opfern, aber sie haben doch einen gewissen Wert.

8. Ihr Pool an Verbündeten besteht aus mehreren Gruppen:

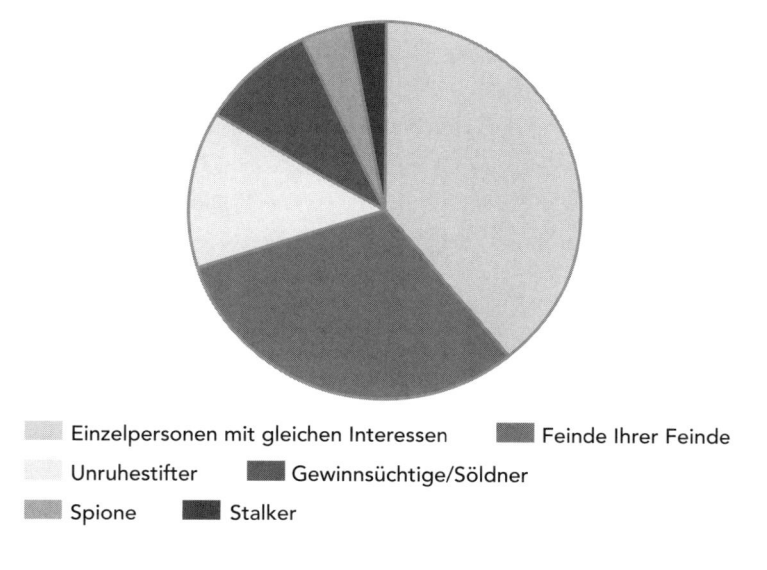

- Einzelpersonen mit gleichen Interessen
- Feinde Ihrer Feinde
- Unruhestifter
- Gewinnsüchtige/Söldner
- Spione
- Stalker

9. Eine Anmerkung zu Spionen: Abgesehen von Beratern, stehen sie für ein krankes soziales Umfeld. In vielen Fällen ist der Spion ein Berater.

10. Spione dienen der Verbreitung von falschen Informationen im feindlichen Lager und sind nützlich, wenn man Daten braucht. Sie sollten aber davon ausgehen, dass Spione immer auf beiden Seiten arbeiten und letztendlich nur an sich selbst denken. Deshalb sind sie wahrscheinlich die konstanteste und vertrauenswürdigste Einheit, mit der Sie als Anführer und Krieger zu tun haben. Sie können sich immer darauf verlassen, was ein Spion tut, aber bei Freunden und Feinden sowie Untergebenen kann es zu Überraschungen kommen. Und Überraschungen sollten in einem Krieg unter allen Umständen vermieden werden.

11. Benutzen Sie die Medien: Sie werden erstaunt sein, wie wichtig Propaganda für Ihren Fall ist. Denken Sie doch nur an Kim Jong Il, den verrückten und egozentrischen Leuteschinder, der Nordkorea leitet. Er manipuliert die stumpfen Gehirne seiner besorgten Untertanen mit gigantischen Kultbildern. Straßen und Blumen sind nach ihm benannt. Opern werden eigens für ihn und über ihn geschrieben. Stellen Sie sich vor, was noch alles geschehen würde, wenn Nordkorea mehr Elektrizität hätte!

12. Denken wir eine Minute über PR-Bemühungen nach.

    Jesus selbst hatte die vier Apostel und später Mel Gibson. Samuel Johnson, ein fetter witziger Typ, der im 18. Jahrhundert brillierte. Er hatte seinen Schreiber Boswell, der ihm überallhin folgte und jede Albernheit zu Papier brachte. Trump hat sich selbst. Jeder Kriegsherr hat Kontrolle über die ganze Geschichte, solange der Krieg andauert. Eine Seite hat immer dann verloren, wenn sie die Kontrolle über die Presse verloren hat.

    Was Sie über die Presse wissen müssen, ist ganz einfach. Diese netten klugen Leute von Presse, die diesen schmutzigen Job ausüben, wollen nur eine gute Story, selbst wenn es keine gibt. Hier die Storys, die die Presseleute lieben:

    › Verantwortungslosigkeit von Vermögensverwaltern
    › Sexaffären
    › Kulturunterschiede
    › Getratsche über Berühmtheiten/Halbwahrheiten

    Wichtig ist, sie jeden Tag mit Nachrichten zu füttern. Denken Sie darüber nach. Diese Leute haben täglich hunderte von Seiten um die platzierten Anzeigen herum zu füllen, wenn sie bei der

Arbeit erscheinen. Das ist hart, wenn Sie sich das einmal vorstellen. Deshalb hören diese Typen auch gebannt zu, wenn Sie ihnen eine Geschichte servieren, egal wie haarsträubend, verrückt oder unsinnig sie auch sein mag. Das ist hervorragend für Sie, wenn Sie sich diesen Leuten gegenüber genauso aggressiv wie auf dem Schlachtfeld verhalten, denn dann ist die Art Ihrer Kriegführung bereits vorhersehbar und damit schon gewonnen, meine Freunde.

13. Nun fangen wir mit dem Töten an. Ach, Sie wussten nicht, dass es die ganze Zeit nur darum ging?

14. Ich finde es immer wieder überraschend, dass sich Leute darüber entsetzen oder schockieren, dass in einem Krieg getötet wird. Sie haben Glück. Sie sind im Geschäftsleben und nicht in einem richtigen Krieg. Ein echter Krieg laugt aus. Ich finde jedes menschliche Leben ist kostbar. Warum werden Millionen geopfert, wofür? Aus Dummheit? Und immer im Namen von Recht und Gerechtigkeit?

15. Und Sie? Sie haben Glück. Sie führen einen läppischen Krieg, in dem niemand wirklich sterben wird. Und zudem haben Sie den Riesenvorteil, dass Sie dank meiner Unterweisung kein gottverdammtes Weichei sind.

16. Wer einen echten Krieg führt, muss sich für Unmengen an Gräueltaten rechtfertigen, die dem Gegner angetan wurden. Das Businessuniversum verblasst dagegen.

17. Zum Töten von Menschen sei gesagt: Am Anfang fällt es schwer. Wenn Sie zudem eine anständige Person sind, wird es nur langsam

leichter für Sie, bis Sie sich schließlich daran gewöhnt haben. Sollten Sie allerdings von Haus aus keine anständige Person sein, dann ist es umso besser. Das macht Sie sogar bis zu einem gewissen Grad wertvoll. Aber dennoch sollten Sie auf der Hut sein, denn man wird Sie verachten, weil Sie gewissenlos sind. Sie denken, dass es sich um einen Geschäftsvorteil handelt. Das ist es keineswegs.

18. Sie werden sich fragen, wen Sie eigentlich töten sollen. Das wird Ihnen offenkundig, sobald Sie darüber nachgedacht haben. Wenn Sie es nicht wissen, sind Sie nicht wirklich in eine Schlacht verwickelt. Was ist los mit Ihnen? Los, nicht schlapp machen!

19. Als Nächstes betrachten wir ein paar Verfahrensweisen, mit deren Hilfe Sie sich auf Ihrem Weg zum Erfolg durch die Menschenmengen durchschlagen.

   a. Erniedrigung: Es handelt sich hier um eine spitzere und tödlichere Waffe, als Sie auf den ersten Blick vermuten. Es ist verhältnismäßig einfach die eigene Position wiederherzustellen, nachdem man jemanden angebrüllt hat. Die Sache wird jedoch schwieriger, wenn der Boden unter den Füßen von Würmern zerfressen ist und man nicht mehr aufrecht stehen kann.

   Denken Sie daran, dass ein Krieg im Geschäftsleben nicht so schnell vorüber ist, wie ein Blitzkrieg im Stil von Sun Tzu, dessen Kriege nur so lange dauern, bis der Kaffee des Generals kalt geworden ist. Der Geschäftskrieg ähnelt mehr einem anderen chinesischen Kulturbeitrag: der Wasserfolter. Es gibt nicht Schlimmeres als zwei Feinden zuzusehen, die sich in einem endlosen Todeskampf ineinander verkrallt haben und sich so lange beleidigen, bis einer aufgibt. Ich habe erwachsene Männer und Frauen gesehen, die über Monate kleine schmerzhafte Sticheleien erduldeten, bis sie es nicht mehr aushielten, und dann plötzlich ihren Abschied nahmen ohne die Entschädigungen und Optionen mitzunehmen, die jede Menge Dollar wert waren.

Das Firmenverhalten ist genau festgelegt. Die Reaktionen einer Person auf Quälereien hängen vom Rang, der körperlichen Verfassung und der Macht der Vorgesetzten und Untergebenen ab, die darüber Bericht erstatten. Ein Verkäufer darf beispielsweise nie einen Substituten anbrüllen, egal wie beleidigend dieser gewesen sein mag. Eine korrekt ausgeführte Beleidigungskampagne kann in einer vollständigen und totalen Vernichtung ohne Gefahr für den Aggressor verlaufen.

b. Enthauptung: Mitunter haben wir nicht die Zeit den Tod oder die Zerstückelung eines jeden Einzelnen mitzuerleben. Das Geschäft muss weitergehen. Die Schlacht ist zu Ende zu bringen und andere Aspekte des Krieges sind weiter zu verfolgen. In diesem Fall müssen wir mit einem einzigen Streich das Haupt unseres Feindes von seinen Schultern schmettern.

Es ist normalerweise ziemlich einfach, den Kopf dieses Burschen abzutrennen, weil der Kopf in diesen Tagen ohnehin kaum noch sicher auf seinen Schultern sitzt.

Aber seien Sie vorsichtig. Einige Führungskräfte können erheblichen Schaden anrichten, nachdem sie ihren Kopf verloren haben. Versichern Sie sich, dass Rumpf und Kopf keine Regung mehr zeigen, bevor Sie zum nächsten Kopf übergehen.

c. Fenstersturz: Damit meine ich, dass eine andere Person aus dem Fenster geworfen wird. Diese Aktion kann in Angriff genommen werden, wenn der Feind bereits erniedrigt wurde, wenn er oder sie schwach ist und geradezu darauf wartet hinausgeschleudert zu werden. Der Fenstersturz ist auch dann angebracht, wenn es sich um den Körper eines Gegenspielers handelt, dessen Kopf schon lange nicht mehr funktioniert.

20. Sie kommen irgendwohin. Sie arbeiten sich allmählich nach vorne bis zu dem großen Fisch vor, doch wie jeder weiß, stinkt der Fisch vom Kopf her. Schneiden Sie den Kopf ab, sterben die Flossen ab, falls Sie an toten Flossen interessiert sind. Vielleicht sind Sie aber an anderen Teilen des Fisches interessiert, an der Leber, die aber ziemlich eklig sein kann, wenn der Fisch ein Trinker war.

21. Es kann mitunter auch vorkommen, dass die Führung ihres Feindes bereits entbeint und bloßgelegt ist, der Krieg aber immer noch andauert. Dann wird die Schlacht zu einer Angelegenheit der Herzen und des Gemüts. An diesem Punkt spielen Ihre PR-Anstrengungen eine wichtige Rolle. Schauen Sie sich nach mächtigen, profilierten Gefolgsleuten um, damit Sie Ihnen zu mehr Glaubwürdigkeit verhelfen. Im Nachfolgenden sind einige Kampagnen mit den entsprechenden Berichten aufgelistet. Diese Aufzeichnungen verliehen dem Ganzen den Impetus für den Sieg.

Produkt	**Fürsprecher**
Britisches Empire	Rudyard Kipling
Alfred Dreyfus	Emile Zola
Benito Mussolini	Ezra Pound
Westinghouse Kühlschrank	Betty Furness
Wella Balsamshampoo	Farrah Fawcett

Standort für Humanität	Jimmy Carter
Jell-O	Bill Cosby
Pepsi	Britney Spears
Noch mehr(T-Mobile/ Michael Douglas)	Catherine Zeta-Jones

22. Es ist jetzt an der Zeit andere Fronten für Auseinandersetzungen zu eröffnen. Aber Sie müssen vorsichtig sein. Eine neue breite Front bringt neue Soldaten mit sich, neue Einkommensmöglichkeiten und neues Fleisch für Ihren Grill. Sie können damit auch überfordert werden und Ihre ganzen Pläne zunichte machen. Bleiben Sie jedoch bei dem Erreichten stehen, werden Sie kaum noch etwas erobern.

23. Neue Fronten: Gehen wir einen Schritt zurück in der Geschichte, ins Dritte Reich. Hitler hatte eigentlich alles im Griff, bis er den Fehler beging und die Ostfront gegen Russland eröffnete. Danach war es nur eine Frage der Zeit bis Deutschland, das sich über ganz Europa ausgebreitet hatte, zusammenbrach und man sich nach Südamerika absetzte.

Hier noch einige andere Fronten, die im Laufe der Geschichte mal besser, mal schlechter gegen andere eröffnet wurden. Sie werden es natürlich besser machen.

Krieger	**Organisation**	**Neue Front**
Verschiedene Cäsaren	Rome	Russell Crowe
Ben (Bugsy) Siegel	Mafia	Las Vegas
Akio Morita	Sony	Lew Wassermann

Sam Walton	Wal-Mart	halbautomatische Waffen
Bud Selig	Baseball	verweichlichte Spieler
Roberto Guizeta	Coke	Wasser
P. Diddy	Bad Boy	übergroße Kleidung

24. Der Krieg tobt nun an mehreren Fronten. Sie haben jeden Tag Erfolg und Niederlagen. Sie sind geduldig, weil Sie wissen, dass das ganze Leben ein Krieg ist, der erst dann endet, wenn Sie sterben.

25. Kämpfe weiter, Krieger! Und viel Glück!

26. Keine Angst!

27. Bleib dran!

Feigheit und Tapferkeit

Feigheit ist die Mutter der Tapferkeit
Sun Tzu

*Feigheit schließt die Augen des Verstands
und lässt das Herz gefrieren.*
Ralph Waldo Emerson

Sun Tzu war der Ansicht, dass man von einfachen Leuten keinen Mut erwarten dürfe. Man müsse die Leute nur genug in Bedrängnis bringen und alles würde sich von selbst erledigen, oder so ähnlich. Daran mag zwar ein Körnchen Wahrheit sein, aber im richtigen Leben funktionieren Sun Tzus Ansichten einfach nicht. Wer mit dem Rücken zur Wand kämpft, wird um sein Leben kämpfen, dazu braucht man keinen besonderen Mut, weil einem nichts anderes übrig bleibt.

Die Wahrheit ist, dass Sie einfach ein gutes Gefühl haben, wenn Sie sich in einer Schlachtensituation befinden, von der Sie genau wissen, dass Sie das Zeug dazu haben, dem anderen eins überzuziehen. Wir wünschen uns das sicherlich alle, davon bin ich überzeugt, und große Strategen neigen dazu, sich diese Art vorteilhafter Situationen selbst zu schaffen. Das können Sie natürlich auch, wenn Sie über Folgendes verfügen:

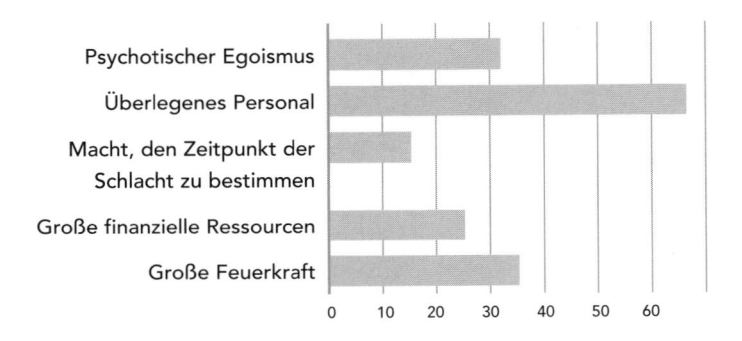

Vorzug	Wert
Psychotischer Egoismus	~32
Überlegenes Personal	~63
Macht, den Zeitpunkt der Schlacht zu bestimmen	~15
Große finanzielle Ressourcen	~25
Große Feuerkraft	~35

Solche Vorzüge sind verhältnismäßig rar. Meistens müssen wir mit weniger auskommen:

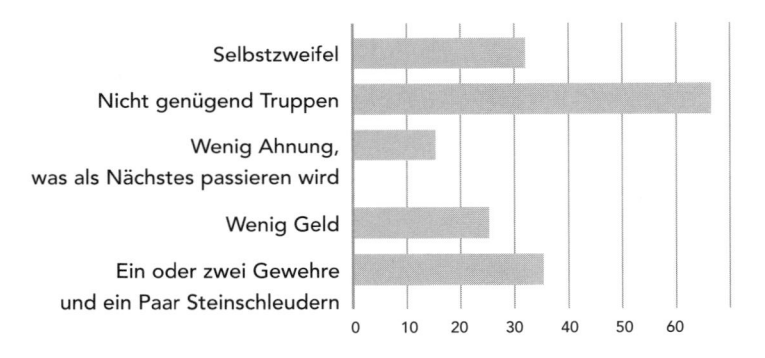

Nachteil	Wert
Selbstzweifel	~32
Nicht genügend Truppen	~63
Wenig Ahnung, was als Nächstes passieren wird	~15
Wenig Geld	~25
Ein oder zwei Gewehre und ein Paar Steinschleudern	~35

Deshalb sind wir, die wir jeden Tag trotz unserer Unzulänglichkeit im Sun-Tzu-Sinne mit der Bestie ringen, um etliches mutiger. Machen Sie keine Fehler, Krieger! Sie werden eine Menge Mut brauchen, um jede Nacht einen süßen traumlosen, aber erholsamen Schlummer zu haben, der Sie für die Herausforderungen des nächsten Tages stärkt. Und am Morgen werden Sie mit der nötigen Wut im Bauch aufwachen, die Sie brauchen, um durch Morast und Blut von Schlacht zu Schlacht weiter zu ziehen.

Ohne enorme Tapferkeit ist ein derartiges Verhalten gar nicht möglich, da der Mensch von Natur aus vorsichtig und feige ist. Aus diesem Grunde konnte sich die Spezies Mensch aber auch weiterentwickeln, die Saurier dagegen nicht. Wir sind klug, wir vermeiden mögliche Gefahren. Wir brauchen das Gefühl der Loyalität für und von unseren Organisationen und Zuneigung für unsere Befehlshaber, damit wir angesichts von Ungerechtigkeiten und Ärger überhaupt Mut aufbringen können. Und wir brauchen ein bisschen Spaß.

Teil Acht

Pfeifen Sie bei der Arbeit

*Glücklichsein
ist ein warmes Geschütz.*
John Lennon

Sun Tzu Unsinn Teil IX: Nur ein kurzer Krieg ist es wert geführt zu werden

Kein Staat profitiert von einem sich lang hinziehenden Krieg.
Sun Tzu

Ich liebe dich schon zu lange, um damit aufhören zu können.
Otis Redding

Zu Sun Tzus Ansicht, dass alle Kriege kurz sein müssten, bleibt nur zu sagen, dass ein Typ nicht unbedingt ein Jammerlappen sein muss, nur weil er Optimist ist.

Manche Kriege sind kurz, aber darauf kann man sich nicht verlassen.

Tatsache ist, dass sich die meisten Kriege im Geschäftsleben über einen längeren Zeitraum erstrecken. Mitunter sind es wahre Marathons, die nie enden wollen. Diese Kriege sind keine Sprints mit Siegessprüngen und Champagner am Ende jeder Eroberung.

Deshalb sollten Sie Champagner trinken, wenn Ihnen danach ist, ganz gleich ob Sie nun gewonnen oder verloren haben.

Unser großes Weichei liegt nicht völlig falsch. Alle großen Konflikte zehren an den Ressourcen, kosten eine Menge Geld und lassen die Moral der Armee sinken. Das ist alles eine Tatsache. Für Sie bedeutet das, falls Sie planen einen Dauerkrieg zu führen, ständig für Nachschub an frischen Kräften zu sorgen und die ganze Zeit über Unmengen an Geld auszugeben; dazu kommt eine Armee, die sich jeden Konflikten feiert, aber gelangweilt und träge wird, wenn sie nicht in der Schlacht kämpft.

Denken Sie doch an die Orks in *Herr der Ringe*. Können Sie sich vorstellen, dass die etwas anderes machen als zu marschieren und zu kämpfen? Sehen Sie die vielleicht mit ein paar Bier am Mittwochabend an der Kegelbahn rumhängen? Nein, weil es Orks sind. Sie kämpfen für das Böse. Und Sie sind genauso.

Wie stellen Sie es nun an, dass Ihre Leute stark bleiben, Sie genügend Geld haben und die Moral hochgehalten wird?

Durch Spaß, und das jeden Tag. Und Spaß daran zu haben einen Krieg zu führen.

Das klingt nun unpassend, ich weiß. Die meisten großen Krieger im Geschäftsleben verbringen mehr Zeit mit Spaß als mit der Planung von Strategien und dem Exerzieren ihrer Truppen. Es besteht eine Beziehung zwischen dem Anteil an Spaß, den jemand jeden Tag an seiner Arbeit hat und der Bereitschaft diesen Lebensstil zu beschützen, wenn nicht sogar zu erweitern.

Spaß und Erfolg: eine direkte Verbindung

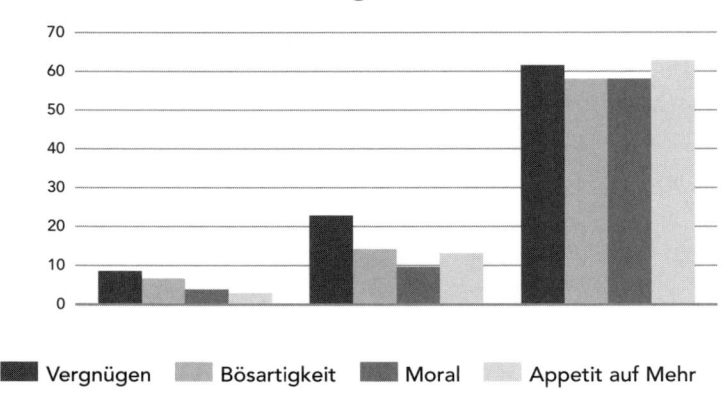

■ Vergnügen ■ Bösartigkeit ■ Moral ■ Appetit auf Mehr

Wenig Spaß erzeugt weniger Attribute, die nötig sind, einen Krieg auf angenehme Weise durchzustehen, wie Bösartigkeit, gute Moral und einen guten Appetit auf mehr.

Für jeden bedeutet Vergnügen etwas anderes, wie die Liste der großen Krieger beweist.

Krieger	Vorstellung von Vergnügen
David	Batseba
Vlad der Pfähler (Graf Dracula)	Pfählen
Heinrich V.	Trinkgelage
Heinrich VIII	Verspeisen von Hammelfleisch / Köpfen von Ehefrauen
Bob in der Poststelle	zwei Bier
Mike Ditka[39]	zwei Levitra[40]
Richard Branson[41]	Ballon fahren
Ihr Spitzenverkäufer	sechs Martinis / umkippen

Na sehen Sie, jeder hat unterschiedliche Auffassungen von Vergnügen. Mein Freund Rafferty findet es besonders amüsant und unterhaltend in fremden Städten wie Minneapolis nachts durch die Straßen zu ziehen und sich bis zur Bewusstlosigkeit zu betrinken. Ich kenne viele Leute, die Geschäft mit Golf verbinden, obwohl jedes für sich schon eine zeitaufwändige und beschwerliche Beschäftigung ist. Aber jeder eben nach seinem Geschmack.

So, und nun geben Sie sich einen Ruck und unternehmen Sie was oder ändern Sie Ihr Spiel. Der Weltfrieden wird so bald nicht ausgerufen und bis dahin können Sie sich selbst noch außer Gefecht setzen.

[39] US-amerikanischer Footballstar

[40] Potenz steigerndes Mittel wie Viagra

[41] Besitzer eines Mischkonzerns

Einer muss leiden
(nicht Sie)

*Krieg ist erheiternd. Krieg verführt zu Loyalität,
Solidarität. Krieg gibt uns einen Zweck und den
Auftrieb. Krieg ist, was ich wollte. Krieg war,
was ich war. Der Krieger der Musik war dabei
sich zu bewegen. Ich versammelte meine
Streitkräfte. Ich hielt meine hochgespielten Reden.
Ich blickte auf den Wettbewerb und was ich als
Erstes sah, war James Taylor. Wäre es nicht
wunderbar ihn von Warner zu stehlen?
Was für ein Beginn für einen Krieg!*
Walter Yetnikoff
Früherer Leiter von CBS Records

Das ist die Stimme eines verrückten Firmenkriegers, der mit der hundertprozentigen Überzeugung, dass er als Einziger an diesem schönen Sommertag nicht in die Luft fliegen wird, ein Minenfeld betritt. Menschen dieser Art führen ein verzaubertes Leben, und begraben massenweise Menschen unter sich, bevor sie selbst ableben.

Das Schöne am Krieg im Geschäftsleben ist, dass kaum wirkliches Blut vergossen wird, außer Sie importieren Kokain aus Kolumbien oder decken nuklear verseuchtes Erdöl im Mittleren Westen auf. Aus diesem Grunde können wir Sun Tzu vielleicht hin und wieder verzeihen, dass er so ein Schlappschwanz war. Seine Jungs spielten mit richtiger Munition, nicht mit Mobiltelefonen und BlackBerry-Messengern.

Gewalt ist zweifellos schlecht, vor allem für diejenigen, die verletzt werden. Ich hoffe, Sie haben ausgiebig darüber nachgedacht, bevor Sie sich so mir nichts dir nichts in einen Krieg stürzen und sich dabei um niemanden scheren.

Ich bin mir ziemlich sicher, dass Sie darüber nachgedacht haben, und bin überzeugt, dass Sie mich in diesem Punkt auch nicht anlügen. Sie sind bestimmt zu dem Beschluss gekommen, dass, wenn überhaupt jemand im Krieg zu leiden hat, Sie es ganz sicher nicht sein werden.

Es gibt eine Staffelung der Leiden, die alle Generäle, auch kleine wie Sie, uneingeschränkt begreifen. Hier sind die Personen genannt, die idealerweise leiden sollten:

› **Der Feind:** Firma A übernimmt Firma B. „Getrennt waren wir zwei große Firmen, gemeinsam sind wir nicht aufzuhalten", lautet die Ansprache des Vorsitzenden bei der Fusion. „Keine Sorge", sagt der Chef der Personalabteilung, wenn er von den nervösen Leuten aus der Firma B gefragt wird, was aus ihnen werden soll, denn es war von Reduzierung die Rede. „Wir halten nach den Besten und Klügsten Ausschau, egal ob von der Firma A oder B. Wer ausgezeichnet ist, gehört dem neuen Team an". Zwei Wochen später haben die Leute der Firma B keine Büros mehr, sind ihren Job los und haben keinen Zugang zur Kantine. Wie das denn? Weil der Gewinner nicht leiden will. Der Verlierer leidet. Also? Wenn Sie leiden, sind Sie ein Verlierer. Los, lassen Sie andere leiden! Dann sind Sie ein Gewinner.

› **Ihre Verbündeten, Freunde und Soldaten:** Manchmal müssen auch Sie auf Ihrer Seite den Schmerz des Krieges spüren. Menschen sterben, selbst diejenigen, die Ihnen nahe standen. Jeden erwischt es irgendwann. Oder der alte Ball kann noch springen, wenn es sein muss. Innerhalb dieser großen Hierarchie des Leidens sollten

Sie bedenken, dass es noch eine kleinere gibt, bevor Sie weitermachen:

- Typen, die Sie hassen: Sicher gibt es in Ihrer eigenen Gruppe einige Burschen, auf die Sie verzichten können.
- Typen, die nicht in Ihre Gehaltsklasse gehören: Nun, Sie fühlten sich nicht wohl, als Sie den Typen bei der letzten Firmentagung auf Sanibel Island sahen, aber nun mal ehrlich, Ihr Leben geht doch auch ohne den Burschen weiter, oder nicht?
- Berater, Spione, Akteure mit unbestimmten Rollen: Jede Organisation hat ein paar dieser Typen und sie sind meistens ersetzbar. Sie sagen zwar, dass sie auf Ihrer Seite stehen, doch das Blatt kann sich schnell wenden. Sie dürfen solchen Leuten nicht trauen. Sie tun ihnen einen Gefallen, wenn Sie diese Typen in einen Trog mit Lava stecken.
- Burschen, die in der gleichen Gehaltsklasse sind wie Sie. Wenn Sie deren Arbeit übernehmen, bekommen Sie mehr Geld. Krieg dürfte die größte Antriebskraft sowohl im echten Leben als auch im Geschäftsleben sein. Der Tod sorgt für Lücken in der Infrastruktur und diese Lücken können Sie ausfüllen. Also verpassen Sie keine!
- Typen, die Sie mögen: Ich wette, davon gibt es einige. Also brauchen wir nicht weiter darüber zu reden. Versuchen Sie nur, deren Leiden einen ähnlichen Stellenwert wie dem Ihren zuzumessen.
- Ihr Chef: Ein riesiger Staubsauger, der Sie bis ins nächste Sonnensystem aufsaugen könnte. Selbst wenn Sie ihn oder sie hassen, ist eine Destabilisierung oder gar Schädigung des eigenen Chefs mit dem eigenen Untergang verbunden. Mit anderen Worten, unterlassen Sie es. Manchmal ist es besser, wenn Sie ein Geschoss abbekommen, als dass Ihr Chef eine Verstümmelung hinnehmen

muss. Ich rede hier nicht von blinder Loyalität oder Altruismus, keineswegs. Ich will damit nur sagen, dass ein Typ, der zwischen Ihnen und dem Abgrund steht, auch für Sie eine Gefahr sein kann.

> **Sie.** Ganz offensichtlich muss Ihr Job erhalten bleiben, ohne dass Sie allzu viel leiden. Wenn Sie zu viel leiden müssen, sind Sie nicht fähig, den Krieg zu genießen. Leid in Maßen ist die Würze des Lebens, aber seien Sie vorsichtig beim Würzen.

Die nachfolgenden Ermahnungen sollen Ihnen helfen persönlichen Schaden möglichst zu vermeiden, um das Säbelrasseln des Krieges auch genießen zu können.

> Schlaflose Nächte: Auf dem Höhepunkt der Schlacht gehen Sie abends aus und kippen sich einen hinter die Binde, danach schlafen Sie mindestens fünf Stunden wie ein Stein. Fünf Stunden dürften für jeden Krieger genügen, ansonsten können Sie schlafen so viel Sie wollen, wenn Sie erst einmal tot sind. Wer mit den Truppen und anderen Generälen von Bar zu Bar zieht, stärkt die Moral und Loyalität, was den Krieg schneller vorantreibt. Das Aufwachen am nächsten Morgen dürfte allerdings nicht sehr angenehm sein.

> Beunruhigung und Wahnsinn greifen für gewöhnlich bei Dämmerung an. Vor allen ist die Ängstlichkeit schwer in den Griff zu bekommen, wenn man ein schwacher Typ ist, so wie ich. Meistens gibt es gar keinen Grund sich zu sorgen, weil man alles tut um zu gewinnen, aber mitunter jagt einem das Personal anderer Abteilungen doch einen gehörigen Schauer über den Rücken. Ängstliche Typen brauchen keinen besonderen Grund um sich zu sorgen, ich nenne das

eine „unspezifische Angst". Doch seien Sie auf der Hut: sich zu betrinken ist keine Dauerlösung in diesem Fall. Sie sollten regelmäßig Alkohol zu sich nehmen, um die medizinische Wirkung des Alkohols zu erhöhen.

> Depression: Zu viel und zu wenig Alkohol rufen diese Krankheit hervor. Um davon geheilt zu werden, und das weiß jeder, der darunter leidet, braucht es Zeit. Ein Heilmittel ist die konstante Pflege des eigenen Egos. Diese Pflege kann Ihnen nur durch Leute zuteilwerden, die von Ihnen abhängig sind. Vielleicht können Sie auch zu Hause ein wenig Pflege bekommen. Depression rührt zudem häufig von ungebremstem Ärger gegen sich selbst und ist meistens berechtigt. Am besten dreht man den Spieß um und lenkt den Ärger auf andere.

> Schuldgefühle: Diese Herangehensweise kann sich als nachteilig herausstellen, vor allem dann, wenn Sie sich einer Sache schämen. Wenn Sie Schuldgefühle nicht kennen, sind Sie wahrscheinlich kein besonders guter Krieger. Schuldgefühle müssen ertragen werden, bis sie von selbst verschwinden. Und je mehr Sie in Kämpfe und Auseinandersetzungen verwickelt sind, desto weniger treten Schuldgefühle mit der Zeit auf. Sind Sie erst einmal Profi geworden, werden Schuldgefühle so gering werden, dass sie kaum mehr ins Gewicht fallen.

> Anhedonie: Darunter versteht man die Unfähigkeit sich zu amüsieren. Eine absolute Zeitverschwendung, also weg damit. Gott hat Sie erschaffen, damit Sie die Schönheit und Würde des Daseins genießen.

Was Sie tun können, während Sie darauf warten zu töten oder getötet zu werden

Und wir werden Spaß haben,
Spaß, bis uns Daddy den T-Bird[42] wegnimmt.
Die Beach Boys

Meine Güte, es gibt hunderte von Dingen, die Sie machen können, um Ihr Leben zu leben, während die anderen ihres verlieren. Hier eine grobe Übersicht:

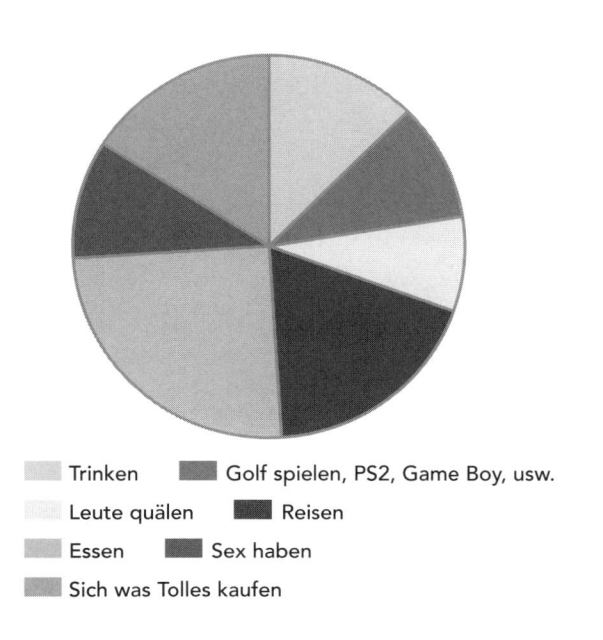

■ Trinken   ■ Golf spielen, PS2, Game Boy, usw.
■ Leute quälen   ■ Reisen
■ Essen   ■ Sex haben
■ Sich was Tolles kaufen

Trinken: Ich möchte eigentlich dem Alkohol im Geschäftsleben nicht allzu viel Bedeutung beimessen, aber ich werde nicht drum rumkommen. Das soll nicht heißen, dass jeder abends ausgehen und sich betrinken soll, denn das wäre dumm. Sie müssen immer die Kontrolle über sich selbst behalten und was noch wichtiger ist – über andere. Das können Sie aber nicht, wenn Sie sturzbetrunken sind, nur noch lallen und von Ihren verwirrten Untergebenen ins Hotelzimmer getragen werden müssen.

Aber Trinken bringt Ihnen und der Armee, über die Sie verfügen, einige wichtige Vorteile. Zuerst wird der Teamgeist gestärkt und die falsch verstandene Bedeutung von persönlicher Intimität im Geschäftsleben wird gebildet. Trinken spielt auch eine entscheidende Rolle bei der Unterdrückung von Gewissensbissen und Schuldgefühlen – aber wahrscheinlich nur bis zum nächsten Morgen.

Am Morgen danach bricht für alle die besonders heikle Zeit an, in der man wieder seinen Lebensunterhalt verdienen muss. Sie müssen wieder gut aussehen, zwängen sich in den besten Anzug, um Ihre Unzulänglichkeiten zu verbergen, entscheiden, was zu tun ist und was nicht – erstens, zweitens, drittens oder noch bevor der Zorn der Götter sie ereilt. Gefiltert wird das Ganze durch das dichte Gespinst Ihrer eigenen Persönlichkeit, noch bevor die Selbstrechtfertigung und das eigentliche Nachdenken über sich selbst einsetzen und Sie wieder nüchtern sind.

Wie gesagt, der nächste Morgen ist hart. Sie müssen noch vor der dritten Tasse Kaffee sich mit Elan und Energie an die ersten Aufgaben des Tages machen. Doch Ihr Kopf dröhnt noch von der gestrigen Nacht und der Lärm um Sie herum ist schier unerträglich. Sie können schließlich nicht den ganzen Tag untätig sein und sich Ihrem Brummschädel widmen.

Spielen Sie Golf, PS2 oder Game Boy: Spiele simulieren die Herausforderungen des tatsächlichen Geschäfts – das bedeutet Wettkampf und Konkurrenz im Rahmen von Bedeutungslosigkeit, Überlegenheitsgefühl oder Unterlegenheitsgefühl, Verlust, das Bedürfnis sich auf andere in der Gruppe zu verlassen, damit eine Sache weitergeht.

Diese Aktivitäten kann man am besten beim Golf, im Internet, in Las Vegas, nachts im Büro (beim Poker), in Monte Carlo, auf dem Fußballfeld, beim Baseball oder auf dem Sportplatz in der Schule Ihrer Kinder entfalten. Viele der hoch dotierten Firmenkrieger lieben es Sportteams zu trainieren. Auf diese Weise bringen Sie bereits der nächsten Generation die Spielregeln für das zukünftige Geschäftsleben bei – üble Laune, wie man unfair spielt und andere schreckliche Wertvorstellungen. Diese Generation wird einmal unseren Platz einnehmen.

Reisen: Die beste Gelegenheit sich legitim aus dem Weg zu gehen ist eine Erholungsreise. Es gibt auf der Welt herrliche Orte, zu denen man reisen kann und Sie sollten möglichst alle aufsuchen, bevor man sie tot auf Ihrem Schild liegend nach Walhall trägt. Zu den großen Städten, die für Geschäfte geeignet sind, zählen: New York, Chicago, Los Angeles, Seattle, San Francisco einschließlich seiner Umgebung wie Napa und Sonoma. An diesen letztgenannten Orten kann man wunderbar bei einigen Flaschen Zinfandel über Strategien nachdenken. Boston (allerdings nur im Frühling oder Herbst), Miami, New Orleans und Las Vegas sind ebenfalls zu empfehlen, sollten Sie völlig entartet sein. Auch Europa bietet schöne Plätze und gute Hotels, desgleichen Asien, das so überwältigend fremd ist, dass ein einziger Aufenthalt dort meist für ein ganzes Leben ausreicht.

Hotels sind exzellente Orte um einen Krieg zu genießen, vor allem heutzutage, wo das Vierjahreszeiten oder das Ritz mit allem Pipapo ausgestattet sind, wie Internet, Fax, Telefon und Zimmerservice. Sie wären ein richtiger Idiot, wenn Sie ein solches Angebot der Firma nicht annehmen würden.

Noch ein Wort dazu. Reisen Sie mit leichtem Gepäck. Es macht einen schlechten Eindruck, wenn jemand mit seinem schweren Rollenkoffer durch die Gegend zieht, oder können Sie sich Napoleon mit so einem Ding vorstellen, das er von Nantes bis Marseille hinter sich herschleift?

Leute quälen: Sie werden es kaum glauben wie viel Spaß sich für einen gelangweilten und unterforderten Abteilungsleiter bietet. Nichts ist schöner als junge Angestellte und Gehaltsempfänger durch die Gegend zu scheuchen, noch dazu für Dinge, die kurz danach schon wieder vergessen sind. Diese Methode eignet sich außerdem dazu, gezielt Leute auszusieben, die nichts aushalten können. Sie können sich auf verschiedene Weise dieses Vergnügen verschaffen:

- Anbrüllen zu unpassenden Zeiten
- Zuweisung von zwei Leuten für dieselbe Arbeit
- Leute zu wichtigen Veranstaltungen einladen und dann wieder ausladen
- Sich bei denjenigen in Schweigen hüllen, mit denen man sonst herzlich spricht
- In den Ausgaben herumschnüffeln
- Eine Arbeit, die perfekt gemacht ist, zurückgeben. Die Kritik ist so vage, dass die betroffene Person nicht versteht, was los ist.
- Legen Sie eine Maus auf den Stuhl eines anderen (oder andere Scherzartikel)
- Viele andere Möglichkeiten – lassen Sie Ihre Fantasie spielen

Sex: Hotels sind für diesen Zweck ebenfalls bestens geeignet, da Sie jede Menge Komfort bieten. Hotels sind wirklich nicht schlecht, wenn Sie die richtige Person im Visier haben. Weitere Hinweise muss ich Ihnen sicher nicht geben, ich denke Sie wissen wie das geht. Überflüssig zu sagen, dass Sex die beste Zerstreuung in Kriegszeiten ist, und Ihren Kopf wieder frei macht.

Noch besser ist natürlich die Liebe der Familie und die Freundschaft zu Personen, die nicht zu Ihrem Geschäft gehören. Mit diesem Personenkreis können Sie sich umgeben, wenn Sie sich vor den Unbilden des Lebens schützen wollen. Einige erfolgreiche Krieger besitzen all diesen Kram, was möglicherweise reiner Zufall ist.

Essen: Gibt es etwas Besseres als eine Riesenbockwurst oder ein gigantisches Steak, wenn Sie gerade Appetit darauf haben? Oder wie wäre es mit gebackenen Kartoffeln, Sauerrahm und fettem Schinken? Oder wollen Sie lieber Fisch mit knusprigen heißen Freiheitsfritten, ich meine Pommes frites? Vielleicht steht Ihnen der Sinn nach Erdnussbutter und Geleesandwich zusammen mit kalter Milch in einem schönen alten Glas? Hm, wie lecker! Da erscheint uns der Krieg doch gleich meilenweit entfernt oder nicht?

Sich etwas Tolles kaufen: Sie arbeiten hart für Ihr Geld. Eines Tages werden Sie deswegen sterben. Sie haben im Schweiße Ihres Angesichts geschuftet und dafür sollten Sie sich auch belohnen. Geld kann Glück nicht kaufen, heißt es? Vielleicht stimmt das, aber Sie können sich zum Beispiel einen Maybach 62 mit 543 PS für 300.000 Dollar kaufen.

Geschäfte machen: Ach ja, wir sollten daran denken, dass es eine Menge anderer Sachen noch zu tun gibt, die nichts, aber auch gar nichts mit Krieg zu tun haben. Lassen Sie uns nachschauen … da war doch gestern eine Sache, über die Sie nachdachten, und die Sie nächstes Jahr gerne hätten. Also, ran an die Arbeit. Was war das doch gleich wieder?

Aus dem Fenster sehen: Auf der Straße ist eine Menge los. Leute gehen hin und her, Autos fahren und der kleine Ballonverkäufer bläst auf seiner Trillerpfeife. Das meine ich damit.

Und während Sie so aus dem Fenster blicken, fällt Ihnen das eine oder andere ein. Bewahren Sie sich diese Gedanken. Und an einem regnerischen Tag betrachten Sie diese Gedanken ein wenig genauer, vielleicht haben Sie sogar noch mehr auf Lager. Und bald schon werden Sie anfangen zu denken. Das kann nie verkehrt sein.

---

[42] Computer von Fujitsu

Teil Neun

Aufruf zur Plünderung

Dem Sieger gehört die Kriegsbeute
F. Scott Fitzgerald

Der Geschmack des Sieges (Hinweis: Schmeckt wie Käse)

*Viele Berechnungen sind besser als wenige
und noch besser als gar keine!*
Sun Tzu

*Aber reine militärische Macht, selbst in ihren
größten Ausmaßen an Überlegenheit,
kann nur einen kurzfristigen Erfolg erringen.*
George Kennan

Der Sieg kennt viele Geschmacksrichtungen und Strukturen, genau wie Käse. Je mehr man davon isst, desto mehr lernt man die einzelnen Käsesorten und Geschmacksrichtungen zu unterscheiden.

Cheddarkäse ist beispielsweise hart und würzig, zu vergleichen mit Sandy Weill, der sich mit John Reed öffentlich darüber zankte, wer die Citicorp leiten sollte und John Reed schließlich verdrängte.

Bei einem Typen wie Donald Trump passt ein dicker großer Käse mit einem leichten Geruch, ein bisschen süßlich und gut zu Schinken passend. Es ist vielleicht ein Schweizer Käse mit Löchern.

Limburger ist weich und saftig und stinkt richtig wie Florida im Jahr 2000 bei der Präsidentschaftswahl.

Malen Sie sich Ihren eigenen Käse aus. Stellen Sie sich vor, wie Sie ihn mit einem Stückchen Schwarzbrot oder einem dicken Kräcker in der Art von Ted Turner verspeisen.

Sie müssen sich Ihren eigenen Triumph ausmalen, das hält Sie bei Laune, wenn Sie noch vor dem eigentlichen Sieg dessen Geschmack auf der Zunge tragen wollen. Das macht einen Kämpfer erst zu einem Gewinner.

Richtige Krieger haben diese Vorstellung von Käse in ihren fetten kleinen Schädeln, wenn sie zu Bett gehen. Sie warten nicht bis ihre Strichliste fertig ist und Ihre Berechnungen stimmen.

Sie kosten diesen Geschmack im Schlaf und wenn sie aufwachen, sind sie hungrig. Wenn Sie erst einmal davon gekostet haben, wird auch bei Ihnen der Hunger wach.

Arten der Kriegsbeute

*Sobald sich eine Lücke auftut, rücke rasch vor.
Gehe geradewegs zu den Dingen, die er liebt.*
Sun Tzu

*Im Krieg gibt es keinen Preis für den
Zweitplatzierten.*
General Omar Bradley

Gutes gibt es in allen Formen und Größen. Aber im Geschäftskrieg gibt es ein paar besondere Ausschüttungen für die ganzen Auseinandersetzungen und Leiden. Manche sind so wertvoll, dass Sie diese Beute für sich sofort sicherstellen sollten, bevor ein anderer Sie ihnen vor der Nase wegschnappt. Schließlich haben Sie Ihren ganzen Einsatz nicht dafür gegeben ein müdes Schulterklopfen und ein paar Farbbänder von dem Kerl zu bekommen, der jetzt plötzlich ein besseres Büro hat.

Kriegsbeute fällt nicht einfach in Ihren Schoß. Sie müssen Sie sich schon holen. Mitunter müssen Sie sogar noch dafür kämpfen, obwohl der Krieg bereits vorüber ist. Das ist die Ironie des Schicksals. Denken Sie wieder an das Bild des Präsidenten auf dem Flugzeugträger. Dessen nach oben gereckter Daumen bedeutete auch nicht, dass der Konflikt vorbei ist. Jetzt gilt es bei dem Rennen nach Beute der Schnellste und Stärkste zu sein.

Zuerst müssen Sie Macht ergattern. Vor langer Zeit befand ich mich in einem sehr schwierigen Krieg, bei dem es um die Kontrolle einer neuen fusionierten Einheit ging. Das Ganze dauerte sechs Monate. Niemand wusste damals, wer eigentlich diese Kontrollfunktion ausüben sollte. Jede Menge Berater schwirrten herum. Das Mutterhaus besetzte alle Abteilungen mit bulligen Querschädeln.

Überall waren Staubsauger, es war wie in einem guten Hotel am Morgen, wenn die Putzkolonne unterwegs ist.

Nachdem sich Rauch und Staub aufgelöst hatten, ging ich zu dem Leiter dieser neuen Kultur, von dem ich dachte, dass er etwas zu sagen hätte, und bat ihn um den Job. Er tat es glatt, und gab alles der Presse bekannt, ohne seine Vorgesetzten über den Inhalt seiner Stellungnahme informiert zu haben. Das war ziemlich dreist. Ich war zwar sein Werkzeug, aber ein glückliches, das vor Freude sang.

Nun ja, ich hätte auch höflich sein können und abwarten, bis das System eine Lösung für die ganze Kriegsbeute gefunden hätte. Aber wissen Sie was? Ich hatte das schon einmal mitgemacht und endete schließlich im dritten Büro neben der Eingangshalle ohne zu wissen warum.

Wenn Sie die Macht bekommen haben, sollten Sie nicht vergessen sich in die richtige Position zu bringen. Die meisten Menschen sind in dieser Hinsicht richtige Trottel. Nun, denken Sie, ich habe den Job, die Verantwortung, was brauche ich da noch einen toll klingenden Titel und das ganze Brimborium? Falsch, Sie wollen das doch auch, glauben Sie mir.

Denken: Die neue Nachkriegsregierung formiert sich allmählich. In einer solchen Umgebung zählen Titel mehr als alles andere. Die meisten Menschen ordnen fremde Gesichter nur nach der äußeren Erscheinung ihrem eigenen Machtkontext zu.

Wenn Sie ein Vizepräsident sind, haben Sie einen gewissen Stellenwert in dem ganzen Spiel. Tragen Sie diesen Titel nicht, leisten aber weit mehr als ein Vizepräsident, wird niemand Sie auf irgendwelche Veranstaltungen einladen, die dem Status eines Vizepräsidenten angemessen sind. Man wird Sie als einen ausgezeichneten Arbeiter schätzen, aber das ist nicht das Gleiche. Und das ist Mist.

Nun haben Sie Macht und die richtige Position erreicht. Jetzt geht es um die Aufgabengebiete und noch mehr Ansehen. Gute Aufgaben vergleiche ich gerne mit Quizshows, in denen Papiergeld durch einen Luftkanal geblasen wird und die Teilnehmer versuchen müssen so viel wie nur möglich davon zu erhaschen. Mit Aufgaben verhält es sich genauso. Jetzt geht es darum sich zu profilieren. Mögliche Aufgabenbereiche wären:

> Reorganisation irgendeiner Abteilung
> Arbeiten Sie im Rahmen irgendeiner Firmenäußerung – das können Reden sein, Interviews, Aktionärsbenachrichtigungen, Fernseh- oder Rundfunkauftritten, oder was auch immer.
> Berechnen Sie jede Funktion, vorzugsweise nicht Ihre eigene, aber wenn es um Ihre eigene gehen sollte, ist es besser auf der Fahrerseite zu sitzen als im Dienstwagen der Eisenbahn, während die Generäle im Clubwagen sitzen.
> Organisieren, planen und besuchen Sie jede Art von Abschiedsveranstaltungen oder Teambildungsübungen (oder heimlichem Höschenklau) aus dem wichtigsten Grund der Welt. Ein Mann oder eine Frau, mit der Sie zusammen trinken und betrunken sind, wird sie wahrscheinlich (zu ca. 62%) in den nächsten sechs Monaten nicht feuern, sondern eher jemand, der in Ihrer Gegenwart nüchtern geblieben ist, und Sie in seiner oder ihrer.

Es gibt natürlich noch andere Kriegsbeute zu machen: zum Beispiel mehr Büroraum, den Sie benötigen um all die Reorganisationen, die Konsolidierung des Personals und die Entlassungen zu ermöglichen, die nach der ersten Feuereinstellung anfallen.

Hinsichtlich des Büros sind zweierlei Überlegungen anzustellen: zum einen die Größe, die nicht unerheblich ist, aber auch die Lage, das heißt das Stockwerk. Das bedeutet, es kommt auf Größe und Lage an. Ecken sind vorzuziehen, was vielleicht noch aus der Zeit herrührt, als der erste vernünftige Höhlenmensch ein Loch im Berghang wählte, das ihm besser zusagte als die anderen. Streben Sie nach einem großen Büro in Ihren Forderungen.

Darüber hinaus zählt natürlich das Geld. Vielleicht sind Sie mit Ihrem neuen Chef, der Ihren vorherigen in einem Faustkampf niedergestreckt hat, ein neues Gehaltsverhältnis eingegangen. Auch das zählt zur Kriegsbeute.

Doch das Personal ist der beste und schönste Preis. Im Zuge des Gewinns haben Sie die Gelegenheit, loyale Truppen, die für Sie später leben und sterben werden, hinzuzufügen.

Aber Sie sollten sich dennoch vor Spionen und Kriechern fürchten, die in der neuen Weltordnung in ihrer Funktion und Nützlichkeit ausgedient haben. Diese Typen, einst mächtig und gefürchtet, sind jetzt besonders gefährlich. Man könnte sie mit den eingefärbten Banknoten vergleichen, die sich unter gestohlenem Geld befinden, dann plötzlich explodieren und alles und jeden in ihrer Umgebung besudeln.

Sehen Sie zu, dass Sie diese Typen loswerden.

Wie man
eine Geschichte schreibt

> *KRIEG IST FRIEDEN*
> *FREIHEIT IST SKLAVEREI*
> *UNWISSENHEIT IST STÄRKE*
> **Die drei Slogans der Partei**
> *George Orwell*
> **1984**

Geschichte wird von Gewinnern geschrieben, bemerkte der Philosoph Walter Benjamin, was bis heute ohne Ausnahme gültig ist. Sie haben jetzt die Möglichkeit, sich so darzustellen, wie die Menschen der Gegenwart und Zukunft Sie und Ihre Leistungen sehen sollen.

Es gibt verschiedene Ansätze für das Gerüst einer vernünftigen Story, die später als Geschichtswerk zu betrachten ist. Diese Ansätze umfassen:

- Zeitungen, Fach- und Verbraucherzeitschriften, Kabelnachrichtenprogramme, die als Kanal für unkommentierte Mitteilungen aller Art dienen
- Anzeigen, die zwar kostspielig, aber in der Verbraucherkultur einen hohen Stellenwert an Vertrauenswürdigkeit genießen
- Interne Newsletter, durch die die Partei die Massen erziehen kann
- Erwähnung in Büchern, die länger im Umlauf sind als alle anderen Medien, ob zum Guten oder Schlechten
- Mundpropaganda: Das ist natürlich der beste Nachrichtenkanal, um Ihren Heldentaten ein Denkmal zu setzen. Das ist in Ordnung, ob

Beowulf, Dschingis Khan, Howard Hughes oder andere haben durch die Mundpropaganda als große Krieger in die reale Welt Eingang gefunden. Sie können das auch erreichen, allerdings in kleinerem Ausmaß. Jede Firma hat ein paar Typen, die vom Schleier des Geheimnisvollen umgeben sind, Leute die noch unter uns weilen, in der jüngsten Vergangenheit lebten, oder auf Erden wandelten, als die Firma noch als ein Hirngespinst in den Köpfen einiger Typen herumgeisterte, die anderswo nicht zurecht kamen.

Jeder große Krieg der Menschheitsgeschichte wurde laut Chroniken auf zwei Arten geführt. Nach der Darstellung des Gewinners und der des Verlierers. Sehen wir uns einmal die Aufzeichnungen an:

Krieg	Ansicht des Gewinners	Ansicht des Verlierers	Historische Sicht
Trojanischer Krieg	Heldenhafte, kluge Griechen siegen über dumme gutgläubige Trojaner	Schändliche, verlogene Betrüger schleichen in die Stadt und stehlen die Königin aus Wollust	gleiche wie die des Siegers
Amerikanische Revolution	Angriffslustige, freiheitsliebende Kolonisten triumphieren über die unterdrückerische Herrschaft des Britischen Empire	Undankbare, gewalttätige und illoyale Verräter rebellieren gegen die hoch angesehene rechtliche Herrschaft	wie die des Siegers
Napoleonische Kriege	ein hirnrissiger, kleiner wahnsinniger Diktator	der erstarrte Korpus des alten Europa kämpft	gleiche Ansicht wie die Sieger, abgesehen von

	wird besiegt und Europa gerettet	gegen die Kräfte der Natur um sie zu befreien	einigen paranoiden Schizophrenen, die sich für Napoleon halten
Bürgerkrieg in Amerika	Die Feinde der Freiheit sind besiegt	Der Süden sollte sich wieder erheben	gleiche Ansicht wie die Sieger, außer in einigen Teilen von Georgia, Alabama, Missisippi, Florida, Idaho usw.
Japanische Invasion in China	Schreckliche Monster kamen um zu töten, zu vergewaltigen, blieben länger als geplant	Glorreiche Expansion der Zivilisation Nr. 1 auf der Welt, die in ein Territorium, das von dummen Chinesen gehalten wurde, getragen wurde	gleiche Ansicht wie Sieger
1. Weltkrieg	Den schlechten Deutschen wurde gezeigt, wer der Boss ist	Glorreiche Deutsche wurde gedemütigt und zu Opfern gemacht, aber keine Sorge, wir kommen wieder	vielleicht die gleiche wie die Sieger
Vietnam	Aggression und Imperialismus wurden durch eine couragierte Guerillaarmee unter der Führung eines vietnamesischenGeorge Washington besiegt	Kommunistische Aggressoren vernichten die freiheitsliebenden Bürger der alten Nation	die gleiche wie die Sieger, außer in Hollywood

Wie Sie unschwer feststellen konnten, zählt der Bericht des Siegers, außer in den Filmen von Sylvester Stallone. Das kommt daher, dass die Verliererseite in eine Menge saurer Äpfel beißen muss. Der Sieger dagegen kann seine Macht und seinen Erfolg weiter ausbauen. Und das kommt daher, weil jeder glaubt, dass das Recht am Ende siegen wird.

NACHWORT

Warum können wir nicht miteinander auskommen?

Du liebst das Leben und wir lieben den Tod.
Sprecher der Al Kaida

Nun, die Sonne geht langsam im Westen unter und wir sagen unserer Zivilisation Lebewohl.

Aber doch nicht wirklich, oder? Wir sind bereit für alles, woran wir glauben zu kämpfen und vor allem glauben wir daran, unseren Lebensstil wie bisher fortsetzen zu können. Und dazu gehört:

> **Freies Unternehmertum:** Auf den Einzelnen übertragen heißt das nichts anderes, als dass wir das tun wollen, was wir jeden Tag tun und dass wir genug Geld haben. Einige von uns nehmen bei ihrem Tun Rücksicht auf andere, die Umwelt und uns selbst. Aber die meisten von uns schert das nicht.

> **Widerspruch:** Wenn wir etwas sagen wollen, sollten wir es tun. Und wenn wir etwas tun wollen, sollten wir es auch tun, solange wir anderen damit nicht wehtun. Das ist noch ein Überbleibsel aus dem 20. Jahrhundert. Eine Menge Leute hätte nichts dagegen anderen die gleichen Rechte auf Meinungs- und Handlungsfreiheit anzubieten, aber nicht alle von uns sind dafür.

> **Medien:** Wir wollen iPods und in unseren Autos einen CD-Spieler mit einem zwölf CD-Wechsler. Und in unseren Kaffeehäusern wollen wir Wireless-lan und digitale DVD-Recorder mit Zeitvorgabe. Auf jeden Fall wollen wir diese Recorder.

> **Sex:** Sicher sind wir scharf darauf, aber wir müssen darauf nicht warten, bis wir im Himmel sind, nicht einmal diejenigen, die an Jungfrauen interessiert sind.

> **Konsumgüter:** Vor uns liegt eine Fülle an Dingen, sogar für diejenigen, die weniger Geld haben als wir. Gehen Sie doch an einem Wochenende zu Costco[43] und beobachten Sie, was dort eingekauft wird: Computer und Ministaubsauger, Worcestershiresauce und Shrimps, riesige fettige Croissants und vieles mehr. Kreti und Pleti tummelt sich dort und kauft in Riesenmengen alles Mögliche ein. Oder gehen Sie ein Stück weiter zu den Läden von Home Depot und Wal-Mart, von Honda und Opel, Chevrolet und Ford. Im Weingeschäft finden Sie sechzehn verschiedene Sorten Wodka und bei Foot Locker superbequeme Schuhe. Bei Blockbuster bekommen Sie jeden erdenklichen Videofilm. Selbst wenn wir nicht wissen, dass wir etwas brauchen, belehrt uns die Maschinerie der Werbung und des Überangebots eines Besseren.

> **Demokratie:** Wir kämpfen auf jeden Fall für unsere eigene, auch wenn wir nicht sicher sind, ob es in unserer Verantwortung liegt, sie anderen aufzudrücken, die lieber in Fesseln leben.

> **Erfolg in der Arbeit:** Wir werden das ganze verwerfliche Zeug tun, das wir tun müssen, um eine Menge Macht ausüben zu können, die uns aus unserer Sicht auch zusteht. Jede Nacht stellen wir uns fri-

sche Biskuitkuchen auf den Tisch. Wenn wir in unseren weichen Betten schlafen, haben wir das gute Gefühl uns ein Bein für den ständigen Wettbewerb ausgerissen zu haben.

> **Kein Terror:** Wenn Sie dieses Buch lesen, dann gehören Sie wahrscheinlich zu der Sorte Mensch, die auf dem Weg zur Arbeit mit ihrem Bus nicht in die Luft gesprengt werden möchte, bei einer Feier mit Kindern in einem Restaurant oder wenn Sie gerade im Büro sitzen und aus dem Fenster schauen.

Keiner dieser Wünsche ist ausgefallen. Überall auf unserem Planeten leben Menschen, die bereit sind auf alles zu verzichten, damit diese Wünsche wahr werden.

Es stellt sich deshalb die Frage: wenn die meisten von uns dieselben Bedürfnisse befriedigen wollen, warum reichen wir uns dann nicht die Hand und leben zusammen in Frieden?

Stellen Sie sich doch einmal eine Welt vor, in der jeder dem anderen das Recht auf Glücklichsein, freie Meinungsäußerung, coole Sneakers, die beim Laufen blinken, sowie Flachbildfernseher zugesteht. Eine Welt, in der wir vielleicht mit dem einen oder anderen nicht ganz einverstanden sind, aber wissen, dass wir das gleiche Recht von Geburt an teilen: die uns zugemessene Zeit auf diesem Planeten ist einfach viel zu kurz um alles zu erreichen. Kurzum, eine Welt in Frieden.

Was wäre die Welt für ein wunderbarer Ort! Liebe! Ruhe! Wohlstand! Wir könnten das realisieren, liebe Freunde, wenn wir kurz durchatmen würden, unsere Schwerter zu Pflugscharen schmieden und unseren ewigen Kampf und das Gerangel für das Gute eines Einzelnen und das Gute aller einfach aufgäben.

Ja, ich sehe uns, wie wir Arm in Arm mit Herzen voller Hoffnung und Freude in eine helle und sichere Zukunft gehen, eine Zukunft frei von Hass, Blutvergießen und Krieg. Lasst uns hinausgehen, liebe Mitstreiter und diese Zukunft Wirklichkeit werden lassen.

Und wehe, es stellt sich uns einer in den Weg!

---

[43] Warenhauskette

496 Seiten
geb. mit SU
Bestellnr. 37094
24,90 Euro

Evolution des Erfolgs

Die Natur arbeitet mit dem erfolgreichsten Prinzip aller Zeiten: die Evolution. Jeder kann davon lernen. Doch manchmal geht das Leben eigensinnige Wege. Was macht den Bettler eigentlich arm und den Erfolgsmenschen reich? Können Träume wahr werden? Wie kann man das Erfolgsmodell der Natur sich selbst zu eigen machen? Anekdotisch gewürzt und unterhaltsam geschrieben analysiert der Börsenmann auf einer Weltreise aktuelle Trends und deren Folgen. Auch der menschliche Alltag mit seinen skurrilen Erscheinungsformen kommt nicht zu kurz. Wer Michael Mross aus dem Fernsehen kennt, der weiß, was ihn erwartet ...

280 Seiten
geb. mit SU
Bestellnr. 36967
24,90 Euro

Terminmarkt für Einsteiger

Bei „Terminmärkten" denken Anleger an Schweinehälften, Orangensaft, Gold und andere Rohstoffe. An märchenhafte Gewinne und brutale Verluste. Nur die besten Profis haben überhaupt eine Chance, in diesem Spiel zu überleben. Dieses Klischee ist übertrieben. Warenterminmärkte sind in der Tat ein Tummelplatz für Profis. Doch mit ausreichender Vorbereitung und den richtigen Informationen sind sie auch für Privatanleger eine interessante und einträgliche Ergänzung zu den Aktienbörsen der Welt. Dieses Buch ist die „Eintrittskarte", die interessierten Investoren einen Blick hinter die Kulissen der geheimnisvollen Terminmärkte ermöglicht.

280 Seiten
geb. mit SU
Bestellnr. 36966
24,90 Euro

Traden wie die Hedgefonds

Wenn Sie schon immer wissen wollten, wie professionelle Investoren kontinuierlich Geld an der Börse verdienen, dann sind Sie hier richtig. Börsenprofi James Altucher erklärt in 20 Kapiteln ebenso viele Strategien, die jeder Anleger einfach an der Börse umsetzen kann. Er entwickelt gemeinsam mit dem Leser immer ausgefeiltere Strategien – die immer höhere Erträge bringen. Nach der Lektüre dieses Buchs ist der Leser um eine Vielzahl erprobter und erfolgreicher Börsenstrategien reicher. Altucher zeigt, was funktioniert, was nicht funktioniert und auf welche Weise man in jedem Markt kontinuierlich Gewinne erzielen kann.

272 Seiten
geb. mit SU
Bestellnr. 37018
24,90 Euro

So denken Millionäre

Wir alle haben ein persönliches finanzielles Verhaltensmuster, das tief in unserem Unterbewusstsein verankert ist. Dieses Verhaltensmuster bestimmt unser finanzielles Leben. Teil I dieses Buches erklärt, wie es funktioniert. Sie erfahren, wie Sie Ihr eigenes Muster erkennen und verändern können. In Teil II werden 17 „Vermögensdateien" vorgestellt, die beschreiben, wie reiche Leute denken und sich in ihrem Handeln von armen Menschen oder Mittelständlern unterscheiden. Wenn es Ihnen finanziell nicht so gut geht, wie Sie es gerne hätten, dann müssen Sie Ihr finanzielles Verhaltensmuster verändern. Genau das werden Sie mithilfe dieses Buches tun.

480 Seiten
geb. mit SU
Bestellnr. 36961
29,90 Euro

Sichere Wege zur finanziellen Freiheit

Kennen Sie die vielleicht wichtigste Zahl in Ihrem Leben? Es ist Ihre „Financial Freedom Number" – der Betrag, den Sie benötigen um finanziell unabhängig zu sein. Wer dabei an Millionenbeträge denkt, sollte dieses Buch lesen. Es zeigt: Finanzielle Freiheit ist näher, als Sie vielleicht denken. Um finanziell unabhängig zu sein, brauchen Sie nicht unbedingt ein dickes Bankkonto. Das Geheimnis liegt darin, sich passives Einkommen zu schaffen, das die persönlichen Ausgaben übersteigt. Dieses Buch gibt Ihnen die Strategien an die Hand, mit deren Hilfe Sie Ihren Traum verwirklichen können.

LARRY WINGET

Halt den Mund, hör auf zu heulen und lebe endlich!

Der Tritt in den Hintern für alle, die mehr wollen

328 Seiten
geb. mit SU
Bestellnr. 37071
22,90 Euro

Halt den Mund, hör auf zu heulen und lebe endlich!

Selten gab es derart provokative Aussagen zum Thema Selbstfindung und Selbstmanagement in Buchform. Winget schafft es, tiefe Wahrheiten höchst unterhaltsam zu verpacken und mit brutaler Direktheit überzeugend an den Leser zu bringen. Werden Sie egoistisch! Vergessen Sie endlich das Wort „Schuld"! Sie alleine bestimmen, wo es langgeht! Freundschaft, Beziehung, Sex – so wie unter Anleitung von Larry Winget haben Sie das garantiert noch nie betrachtet! Also halten Sie den Mund, hören Sie auf zu heulen und lesen Sie Larry Winget!